C. GUTH

Caminos neu A1

Lern- und Übungsbuch + Audio-CD / Online-Übungen

Ernst Klett Sprachen
Stuttgart

Caminos neu A1

Lern- und Übungsbuch + Audio-CD / Online-Übungen

von
Bibiana Wiener

Illustrationen:
Marlene Pohle
Franziska Rosentreter

1. Auflage 1 4 3 2 | 2018 17 16

Alle Drucke dieser Auflage können im Unterricht nebeneinander benutzt werden, sie sind untereinander unverändert. Die letzte Zahl bezeichnet das Jahr dieses Druckes.

Internetadresse: www.klett-sprachen.de

Redaktion: Beate Strauß,
Mónica Cociña Iglesias
Gestaltung: Marion Köster
Reproduktion: Meyle + Müller,
Medien-Management, Pforzheim
Druck: LCL Dystrybucja Sp. z o.o.,
Printed in Poland

ISBN 978-3-12-514955-7

9 783125 149557

Online-Übungen
www.klett-sprachen.de/caminos-uebungen

Caminos Online

Interessante Links zum jeweiligen Thema finden Sie unter www.klett-sprachen.de/caminos

Inhaltsverzeichnis

Liebe Spanischlernerinnen, liebe Spanischlerner,

dieses Lern- und Übungsbuch ist auf die Inhalte des Lehr- und Arbeitsbuches von *Caminos neu* A1 abgestimmt und bietet Ihnen mit dem enthaltenen Lernwortschatz, der Lerngrammatik und den Übungen (sowohl im Buch als auch online) das maßgeschneiderte Material für die Festigung und Vertiefung Ihrer Spanischkenntnisse.

Das Lern- und Übungsbuch möchte Ihnen aber auch Wege aufzeigen, wie Sie am besten selbstständig lernen können. Durch das ganze Buch hindurch begegnen Ihnen wertvolle **Lerntipps**, v. a. auf den Lernwortschatzseiten. Sie helfen Ihnen, das Lernen selbst in die Hand zu nehmen und effektiver zu gestalten.

Im **Lernwortschatz** sind die wichtigsten Wörter und Wendungen jeder Lektion zusammengestellt und zum besseren Behalten thematisch gruppiert. Sie haben die Gelegenheit, die deutsche Übersetzung zu ergänzen und sich die Wörter dadurch besser einzuprägen. Die Redewendungen mit ihrer Übersetzung können Sie außerdem auf der beiliegenden Audio-CD anhören, sei es zu Hause oder im Auto. Probieren Sie auch die vorgestellten Tipps und Strategien zum Vokabellernen aus und stellen Sie fest, welcher Lernertyp Sie sind und welcher Weg für Sie persönlich am effektivsten ist.

In der **Lerngrammatik** sind die grammatischen Inhalte jeder Lektion zusammengestellt und ausführlich erklärt. Hier haben Sie die Möglichkeit, Formen und Regeln zu ergänzen, wodurch diese besser in Ihrem Gedächtnis haften bleiben.

Der **Übungsteil** enthält zu jeder Lektion zahlreiche vertiefende Übungen sowie einen Lesetext und eine Übung im beruflichen Kontext. Jede Lektion bietet außerdem interessante Links zum Thema. Die **Lösung** zu allen Übungen finden Sie im Anhang.

Die Übungen orientieren sich an den Inhalten des Lehr- und Arbeitsbuches und setzen deren Wortschatz voraus. Hin und wieder begegnen Ihnen neue Wörter, die Sie aus dem Zusammenhang erschließen können, aber nicht aktiv beherrschen müssen. Dies betrifft in erster Linie die Lesetexte. Sie können die gestellten Aufgaben lösen, ohne jedes unbekannte Wort im Wörterbuch nachzuschlagen.

Die drei ‚**Revueltos**‘ enthalten jeweils einen Test, mit dem Sie Ihren Lernfortschritt selbst kontrollieren können. In Unidad 12 liegt Ihnen ein vollständiger Test nach dem Muster des Europäischen Sprachenzertifikats vor. Mit diesem Modelltest können Sie die Prüfung simulieren und feststellen, ob Sie das erforderliche Kompetenzniveau A1 erreicht haben. Auf der letzten Seite der Revueltos finden Sie außerdem eine Übersicht der behandelten Verben zum Nachschlagen.

Die **Audio-CD** enthält die wichtigsten Wendungen des Lernwortschatzes mit ihrer deutschen Übersetzung sowie die Hörverstehenstexte der Revueltos.

Ergänzende **Online-Übungen** zu jeder Lektion stehen Ihnen unter www.klett-sprachen.de/caminos-uebungen zum kostenlosen Download zur Verfügung.

Viel Spaß und Erfolg beim Spanischlernen!

Ihr Caminos-Team

Unidad 1

El mundo del español

Lernwortschatz

Lerngrammatik

Hola, ¿qué tal?
1. Die Begrüßung
2. Vorstellungsdialoge

A Palabras internacionales
1. Internationale Wörter
2. Internationale Wörter und ihre Bedeutung
3. Die Aussprache schwieriger Laute
4. Typische Fehler deutschsprachiger Lerner

B Personas famosas
1. Der unbestimmte Artikel und einige Berufsbezeichnungen
2. Der bestimmte Artikel und die Pluralbildung der Substantive
3. Die Zahlen bis 10
4. Fragen mit Fragewörtern

C El español en el mundo
1. Die spanischsprachigen Länder
2. Die Betonung
3. Die Verneinung

Internationale Wörter
Das Spanische in der Welt

Lernwortschatz

Auf diesen Seiten haben Sie die Möglichkeit, die wichtigsten Wörter und Wendungen jeder Lektion zu wiederholen. Wie aber lernt und behält man Vokabeln am effektivsten? Und wie kann man sie im richtigen Augenblick wieder abrufen, nämlich z. B. in einem Gespräch? Wir möchten Ihnen hier verschiedene Tipps und Strategien zum Vokabellernen vorstellen. Probieren Sie einige davon aus und stellen Sie fest, welcher Lernertyp Sie sind und welcher Weg für Sie persönlich am effektivsten ist.

Bei der Darstellung dieses Lernwortschatzes haben wir bereits eine Strategie des Vokabellernens zugrunde gelegt, nämlich das Ordnen in thematische Gruppen. Wir empfehlen Ihnen, die deutsche Übersetzung zu ergänzen, was das Behalten zusätzlich fördert. Die Redewendungen mit ihrer Übersetzung können Sie außerdem auf der beiliegenden CD anhören, zu Hause oder auch im Auto. Mithilfe der angegebenen Trackpunkte (z. B. 6) können Sie die einzelnen Abschnitte direkt anspielen und nach Belieben wiederholen.

Sich begrüßen 1

◆ Buenos días. ______

◆ Buenas tardes. ______

◆ Buenas noches. ______

◆ Hola, ¿qué tal? ______

Sich verabschieden 2

◆ ¡Adiós! ______

◇ ¡Hasta luego! ______

Den Namen erfragen und angeben 3

◆ ¿Cómo se llama usted? ______

◇ Me llamo Juana Sánchez. ______

◆ ¿Cómo te llamas? ______

◇ Me llamo Alicia, ¿y tú? ______

◆ Soy Antonio. ______

Nach jemandem fragen und antworten 4

◆ ¿Quién es Cervantes? ______

◇ Es un autor famoso. ______

◆ ¿Quiénes son Picasso y Dalí? ______

◇ Son pintores. ______

Fragen im Unterricht 5

◆ ¿Qué significa la palabra? ______

◆ ¿Cómo se pronuncia? ______

Fragen, wo Spanisch gesprochen wird 6

◆ ¿Se habla español en Perú? ______

◇ Sí, en Perú se habla español. ______

◆ ¿Se habla español en Filipinas? ______

◇ No sé. ______

◆ ¿Se habla español en Brasil? ______

◇ No, en Brasil no se habla español. ______

Sprachen

la lengua ______

el español ______

el castellano ______

Länder

el país ______

los países latinoamericanos ______

el mundo ______

el continente ______

Alemania	Holanda
Argentina	Honduras
Austria	Inglaterra
Bolivia	Italia
Brasil	México
Chile	Nicaragua
Colombia	Panamá
Costa Rica	Paraguay
Cuba	Perú
Ecuador	Portugal
El Salvador	Puerto Rico
España	República Dominicana
Estados Unidos	Suiza
Filipinas	Uruguay
Francia	Venezuela
Guatemala	
Guinea Ecuatorial	

Personen und ihre Berufe

la persona ______

el actor ______

la autora ______

el cantante ______

la pintora ______

el político ______

Wörter, die Sie bereits verstehen, da sie international gebraucht werden

la actualidad	la fiesta	el monumento	el surrealismo
el ambiente	la figura	el museo	el tango
la arquitectura	la forma	la música clásica	la tarifa especial
la atracción	la foto	el número	el teatro
la biblioteca	la globalización	el objeto	la técnica
el congreso	el golf	la paella	la televisión
la crisis	el grupo	la perspectiva	el tema
la cultura	la guerrilla	la playa	la teoría
el debate	el hospital	la política	el texto
la discoteca	el hotel	el problema	el turismo
la economía	el humor	la provocación	el turista
el ejemplo	la idea	la radio	la universidad
el embargo	la industria	la región	interesante
el escándalo	la información	el reportaje	internacional
el experimento	la liga de fútbol	la ruina	virtual
la exposición	el macho	la sangría	
la fantasía	el material	el sector informático	
el festival	la medicina	la siesta	

Tipps zum Vokabellernen

Wortschatz-Lernkartei

Wenn Sie bisher nur mit Vokabellisten gelernt haben, kann eine Lernkartei eine sinnvolle Alternative darstellen.

- Schreiben Sie die Wörter, die Sie lernen möchten, auf eine Karte und ergänzen Sie Informationen, die Sie für wichtig halten. Bei Substantiven können Sie z. B. den Artikel hinzufügen, bei Adjektiven die weibliche Endung, bei Verben die verschiedenen Formen, v. a. wenn sie unregelmäßig sind. Interessant kann auch sein, eine Redewendung oder einen ganzen Satz aufzuschreiben. Oder zeichnen Sie ein Bild zur Vokabel.
- Sie können auch verschiedenfarbige Karteikarten verwenden, z. B. blau für Substantive, rot für Verben, grün für Adjektive und gelb für Redewendungen.
- Auf die Rückseite der Karten schreiben Sie die deutsche Übersetzung.
- Legen Sie alle neuen Karten in das erste Fach.

el pintor, la pintora

"Dalí es un pintor."

hablar

hablo, hablas, habla…

"hablar español / inglés"

Beim Lernen gehen Sie so vor:

- Lesen Sie die spanischen Wörter im ersten Fach und sagen Sie die deutsche Entsprechung.
- Kontrollieren Sie dann die Übersetzung. Bei richtiger Antwort wandert die Karte ins nächste Fach, bei falscher Antwort bleibt die Karte im ersten Fach.
- Fahren Sie so mit den anderen Wörtern fort und wiederholen Sie sie so oft, bis Sie sie behalten können und die Karten ins zweite Fach wandern.
- Bearbeiten Sie das zweite Fach nach einigen Tagen und das dritte und vierte Fach nach einigen Wochen auf dieselbe Weise, damit die Wörter nicht in Vergessenheit geraten.
- Wenn die Karten im fünften und letzten Fach angekommen sind, sind sie dauerhaft in Ihrem Langzeitgedächtnis gespeichert.

Wortähnlichkeiten mit dem Deutschen

In dieser Lektion haben Sie eine Reihe von Wörtern kennen gelernt, die im Deutschen (oder in einer anderen Fremdsprache) sehr ähnlich sind. Hören Sie nicht auf, weitere zu suchen, da es noch viele gibt. Kennen Sie schon andere?

Lerngrammatik

Auf diesen Seiten haben Sie die Möglichkeit, die kompletten Grammatikinhalte der Lektion zu wiederholen. Damit die Grammatikregeln besser in Ihrem Gedächtnis haften bleiben, haben Sie häufig Gelegenheit, Formen und Regeln selbstständig zu ergänzen. Auf diese Weise können Sie zugleich feststellen, wo Sie noch Lücken haben, und gegebenenfalls in der Lehrbuchlektion oder in der systematischen Grammatik nachschlagen. Eine Systematisierung der behandelten Verben auf einen Blick finden Sie außerdem auf der letzten Seite der **Revueltos**.

Hola, ¿qué tal?

Einige Personalpronomen

■ Sie haben bereits einige Personalpronomen im Singular kennen gelernt:

➤ Weitere Personalpronomen folgen in Unidad 2.

yo	*ich*
tú	______
______	*Sie* (höfliche Anrede)

Die Verben ‚llamarse' und ‚ser' im Singular

(yo)	__________	soy
(tú)	te llamas	______
(usted)	__________	es

■ Im Spanischen wird das Verb gewöhnlich ohne die Personalpronomen (yo, tú usw.) gebraucht. Die einzelnen Personen kann man an der jeweiligen Verbform erkennen:

¿Cómo **te llamas**? *Wie ____________?*

Soy Antonio. *____________ Antonio.*

■ Ist Ihnen aufgefallen, dass man bei der höflichen Anrede einer einzelnen Person (**usted**) das Verb in der 3. Person Singular verwendet?

¿Cómo **se llama** usted? *Wie heißen Sie?*

■ Beachten Sie: **llamarse** (wörtlich: *sich nennen*) ist ein reflexives Verb. ➤ Die reflexiven Verben werden in Unidad 7 behandelt.

■ **Ser** ist ein unregelmäßiges Verb. ➤ Die vollständige Konjugation sehen Sie in Unidad 2.

Unidad 1 A

Die Bedeutung

■ Nach der Bedeutung eines spanischen Wortes, z. B. Caminos, fragt man mit:

¿Qué __________ "Caminos"? – *Wege.*

Die Aussprache

- Nach der Aussprache eines Wortes fragt man mit: ¿Cómo ____________________?

Buchstabe			Aussprache	Beispiel
b	am Wortanfang	[b]	wie **b** in *Bank*	
	in der Wortmitte	[β]	weicher, zwischen **b** und **v**	
c	vor **e**, **i**	[θ]	gelispelt wie englisch *thing*	
	vor **a**, **o**, **u**, Konsonant	[k]	wie **k** in *Kasse*	
ch		[tʃ]	wie **tsch** in *tschüs*	
g	vor **e**, **i**	[x]	wie **ch** in *Sache*	
	vor **a**, **o**, **u**, Konsonant	[g]	wie **g** in *gut*	
h		[–]	wird nicht ausgesprochen	
j		[x]	wie **ch** in *Sache*	
ll		[j]	wie **j** in *ja*	
ñ		[ɲ]	wie **gn** in *Cognac*	
qu		[k]	wie **k** in *Kasse*	
r		[r]	gerollt (mit der Zungenspitze)	
	am Wortanfang und nach **l**, **n**, **s**	[rr]	stark gerollt	
rr		[rr]	stark gerollt	
v	am Wortanfang	[b]	wie **b** in *Bank*	
	in der Wortmitte	[β]	weicher, zwischen **b** und **v**	
x		[(k)s]	wie **ks** oder **s**	
z		[θ]	gelispelt wie englisch *thing*	

- Die Vokale **a**, **e**, **i**, **o**, **u** werden in der Regel kürzer ausgesprochen als im Deutschen.
- Die Konsonanten **b**, **p**, **d**, **t**, **c**, **k**, **q** werden im Spanischen etwas weicher als im Deutschen ausgesprochen.
- **Tipp:** Bereitet Ihnen das rollende **r** Probleme? Sprechen Sie ein **l**: dort wo die Zunge ist, wird auch das **r** gesprochen, allerdings flattert sie dabei.
- In Wörtern mit **qu** und in der Verbindung **gue** [ge] und **gui** [gi], z. B. guerrilla, guitarra wird der Vokal **u** nicht ausgesprochen. Soll das **u** in dieser Verbindung doch gesprochen werden, so erhält es zwei Pünktchen: pingüino.
- Kombinationen von **i** oder **u** mit einem anderen Vokal oder miteinander sind Diphthonge und bilden in der Aussprache nur eine Silbe: fa-mi-lia, bue-no, ciu-dad.
  Steht ein Akzent auf dem **i** oder **u**, handelt es sich um zwei Silben: dí-a.
  Andere Vokalkombinationen bilden immer zwei Silben: pa-e-lla, mu-se-o.
- **Tipp:** Es gibt keine doppelten Konsonanten, außer **cc**, **ll** und **rr**.
- In Hispanoamerika, aber auch in Südspanien und auf den Kanarischen Inseln wird anstelle des Lispellauts [θ] wie in **C**ecilia oder **Z**arago**z**a ein scharfes ___ gesprochen.

Unidad 1 B

Die Zahlen von 0 bis 10

0 cero	4 ________	8 ________
1 ________	5 ________	9 ________
2 ________	6 ________	10 ________
3 ________	7 ________	

- Die Zahlen sind männlich: **el** uno, **el** diez.

➤ Die Zahlen über 10 sehen Sie in Unidad 2.

Fragewörter

- Im Spanischen gibt es zwei Wörter für *Wer?*, je nachdem ob man nach einer Person oder nach mehreren fragt:

¿________ es Pablo Picasso?	*Wer ist Pablo Picasso?*
¿**Quiénes** son los Beatles?	*Wer sind die Beatles?*

Der bestimmte Artikel

	männlich	weiblich
Singular	_____ museo	**la** playa
Plural	_____ museos	_____ playas

Der unbestimmte Artikel

männlich	weiblich
un museo	_____ playa
_____ museos	_____ playas

- Die Artikel richten sich in Geschlecht und Zahl nach dem zugehörigen Substantiv.
- Normalerweise verwendet man im Spanischen keinen unbestimmten Artikel im Plural. **Unos/unas** hat die Bedeutung *einige*: _____ museos – *einige Museen.*

Das Geschlecht der Substantive

männlich	weiblich
el teatr___	la ide___
el hotel	la ciudad
el humor	la noche

- Die spanischen Substantive sind entweder männlich oder weiblich, es gibt kein sächliches Geschlecht.
  Das spanische Geschlecht stimmt nicht unbedingt mit dem deutschen überein, z. B. **la** playa – *der Strand.*
- **Tipp:** Am besten lernen Sie den Artikel bei den Substantiven immer gleich mit.
- Substantive, die auf **-o** enden, sind meistens ______________.
  Substantive, die auf **-a** enden, sind meistens ______________, ebenso Substantive auf **-ción** oder **-dad**.
  Substantive, die auf **-e** oder Konsonant enden, können männlich oder weiblich sein.
- Es gibt allerdings einige Ausnahmen, z. B. **el día**, **la** foto.
- Zur Erinnerung:
  Zahlen sind ______________:
  el dos, **el** tres.

Der Plural der Substantive

	Vokal: + s		Konsonant: + es	
	männlich	weiblich	männlich	weiblich
Singular	el teatr**o**	la ide**a**	el hotel	la ciudad
Plural	los teatr___	las ide___	los hotel___	las ciudad___

- Um den Plural zu bilden, hängt man an Wörter, die mit einem ______________ enden, ein **-s** an.
  An Wörter, die mit einem ______________ enden, hängt man **-es** an.

- ¡Ojo! Wörter, die im Singular auf Konsonant enden und auf der letzten Silbe einen Akzent haben, verlieren ihn im Plural: la región – las ____________.

Unidad 1 C

Die Verneinung

- **No** kann *nein*, *nicht* oder *kein/e* heißen:

◆ ¿Se habla español en Brasil?	*Spricht man in Brasilien Spanisch?*
◇ **No** sé.	__________________.
❖ **No**. En Brasil **no** se habla español.	____________________________.

Die Betonung und Akzente

- Für die Betonung aller spanischen Wörter gelten drei einfache Gundregeln:

1. Wörter, die mit **Vokal, n** oder **s** enden, werden normalerweise auf der ____________ Silbe betont, z. B. Car-men, Ca-mi-nos, Es-pa-ña, Hon-du-ras. Hierzu zählt die Mehrzahl der spanischen Wörter.
2. Wörter, die mit einem **Konsonanten** (außer **n** und **s**) enden, werden normalerweise auf der ____________ Silbe betont, z. B. se-ñor, es-pa-ñol, Ma-drid, E-cua-dor.
3. Alle Wörter, deren Betonung von diesen Regeln abweicht, erhalten einen __________ auf dem Vokal der betonten Silbe, z. B. ca-fé, tú-nel, Pe-rú. Folglich tragen alle Wörter, die auf der ____________ Silbe betont werden, einen Akzent, z. B. te-lé-fo-no, A-mé-ri-ca.

Die Fragewörter

- Fragewörter tragen im Spanischen immer einen Akzent:

¿Qué?	_________?
¿Cómo?	_________?
¿__________?	*Wer?* (Singular)
¿__________?	*Wer?* (Plural)

Hola, ¿qué tal?

1

Saludos.
Wie begrüßen Sie jemanden zu folgenden Tageszeiten?

■ Vor dem Mittagessen, je nach Region etwa bis 14 Uhr, begrüßt man sich mit *¡Buenos días!*
■ Zwischen Mittagessen und Abendessen bzw. Einbruch der Dunkelheit sagt man *¡Buenas tardes!*
■ Nach dem Abendessen bzw. nach Einbruch der Dunkelheit begrüßt und verabschiedet man sich mit *¡Buenas noches!*

2

Presentaciones.
Bilden Sie aus diesen Sätzen zwei sinnvolle Vorstellungsdialoge. Bei einem duzen sich die Personen, beim anderen siezen sie sich.

¿Cómo se llama usted?

¡Hola! ¿Cómo te llamas?

Víctor. ¿Y tú?

Alberto Santos.

Me llamo Nuria Robles. ¿Y usted?

Soy Elena.

1. ◆ ______________________
◇ ______________________
◆ ______________________

2. ◆ ______________________
◇ ______________________
◆ ______________________

In den spanischsprachigen Ländern spielt die Körpersprache eine wichtige Rolle. Junge Leute und Frauen begrüßen sich im Alltag meist mit Wangenküssen, Männer untereinander eher mit Handschlag oder Schulterklopfen.

A. Palabras internacionales

1 **Palabras internacionales.**
Welche Wörter fallen Ihnen zu diesen Abbildungen ein? Sie können hierzu die Schlagzeilen im Lehr- und Arbeitsbuch auf Seite 10 zu Hilfe nehmen.

2 **a) ¿Qué significa?**
Was bedeuten diese Wörter? Wenn Sie die fehlenden Silben ergänzen, finden Sie es sicher heraus.

TI CA A LA NO ME RI

H O _ _ ____________

P E R S P E C _ _ V A S ____________

E C O _ _ M Í A ____________

A N D A L U C Í _ ____________

_ _ D I C I N A ____________

T A _ _ F A ____________

B I B L I O T E _ _ ____________

b) Notieren Sie nun die Buchstaben in den hellen Feldern.
Hier leben die meisten spanischsprachigen Menschen: _ _ _ _ _ _ _ _ _ _ _ _ _

3 **¿Cómo se pronuncia?**
Achten Sie bei den folgenden Wörtern auf den Anfangslaut. Ein Wort in jeder Reihe wird am Anfang anders ausgesprochen als die anderen. Welches?

1. **C**ádiz – **Qu**ito – **C**euta – **K**ioto
2. **G**erona – **G**alicia – **J**uárez – **G**ibraltar
3. **G**ranada – **Gu**ernica – **G**omera – **G**ijón
4. **Z**amora – **C**ifuentes – **C**órdoba – **C**entroamérica

4 **La palabra correcta.**
Achtung, in diesen Sätzen sind typische Fehler von deutschsprachigen Lernern enthalten. Sehen Sie sich die Sätze an und ersetzen Sie die fett gedruckten Wörter durch die richtigen Wörter auf der rechten Seite.

1. ¿Cómo **te** llama usted?
2. **Yo** llamo Ricardo Méndez.
3. ¿**Qué** se pronuncia "Julia"?
4. Y tú, ¿cómo **tú** llamas?
5. Me **llama** Ana María Romero.
6. ¿**Cómo** significa "hospital"?
7. ¿"Exposición" **llama** *Ausstellung*?
8. Y **usted**, ¿cómo te llamas?

a) te
b) cómo
c) significa
d) llamo
e) qué
f) se
g) tú
h) me

B. Personas famosas

1

¿Quién es?
Kennen Sie diese Prominenten? Ergänzen Sie in den folgenden Sätzen die Berufe und vergessen Sie dabei nicht den unbestimmten Artikel.

1. Celia Cruz es _una cantante_ de salsa.
2. Gabriel García Márquez es ____________ colombiano.
3. Robert Redford es ____________ de Estados Unidos.
4. Joan Miró es ____________ español.
5. Cervantes es ____________ español del siglo XVI.
6. Fidel Castro es ____________ cubano.
7. Jennifer López es ____________ de pop.
8. Nelson Mandela es ____________ de Sudáfrica.

2

Sustantivos y sus artículos.
Ergänzen Sie den Artikel und setzen Sie danach die Wörter in den Plural.

_la_	playa	_las playas_	____	escándalo	____________
____	pintor	____________	____	región	____________
____	material	____________	____	ciudad	____________
____	reportaje	____________	____	figura	____________
____	problema	____________	____	foto	____________

3

Dados.
Würfel. Notieren Sie die Summe der Augen in Worten.

1. 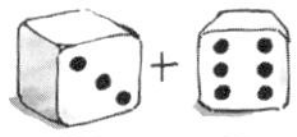 = ____________
2. 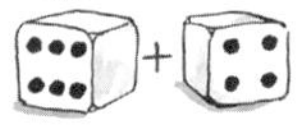 = ____________
3.  = ____________
4. 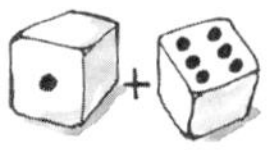 = ____________
5. 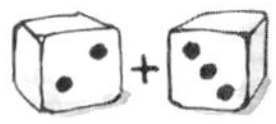 = ____________
6. 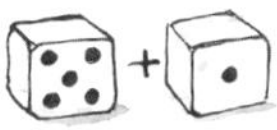 = ____________

4

Formule preguntas.
Formulieren Sie mithilfe dieser Fragewörter die Fragen, auf die folgende Antworten gegeben werden.

¿Cómo? ¿Quién? ¿Qué? ¿Quiénes?

1. ◆ ____________ ◇ Es un pintor español.
2. ◆ ____________ ◇ Me llamo Catalina Linares, ¿y tú?
3. ◆ ____________ ◇ Son dos autores famosos.
4. ◆ ____________ ◇ Significa *Strand*.
5. ◆ ____________ ◇ Como “th” en “think”.
6. ◆ ____________ ◇ Soy Rubén Castaño. ¿Y usted?

C. El español en el mundo

1 **a) Los países hispanohablantes.**
Wenn Sie die Buchstaben richtig anordnen, ergeben sich die Namen von fünf lateinamerikanischen Ländern.

X É M O C I

B A C U

N Á M A P A

L A R S I B

I R G A N A N T E

b) In welchem dieser Länder ist Spanisch keine Amtssprache?

En ____________ no se habla español.

c) Auf der Landkarte sehen Sie die spanischsprachigen Länder Lateinamerikas. Können Sie die fehlenden Ländernamen aus a) zuordnen?

2 **¿Cómo se acentúa?**
Lesen Sie diese Wörter laut und markieren Sie jeweils die betonte Silbe.

fes | ti | val	Car | men	re | gión	nú | me | ro
in | dus | tria	es | pe | cia | les	fo | to	dis | co | te | ca
po | lí | ti | ca	te | lé | fo | no	o | fi | cial	tu | ris | mo

3 **Conteste.**
Antworten Sie auf diese Fragen und stellen Sie die Informationen richtig.

1. ¿El Guggenheim es un teatro? *No, el Guggenheim no es un teatro, es ...*
2. ¿Picasso es un autor español? ____________
3. ¿En Portugal se habla español? ____________
4. ¿La paella es típica de Colombia? ____________
5. ¿Málaga y Cádiz son ciudades de México? ____________
6. ¿"Caminos" significa *Stadt*? ____________

Rincón profesional

Palabras internacionales.
Viele Wörter können Sie aufgrund ihrer Ähnlichkeit mit Wörtern in Ihrer Muttersprache oder in anderen Fremdsprachen erschließen. Versuchen Sie, die folgenden Wörter den vier Rubriken zuzuordnen.

euros | la secretaria de dirección | el cheque | el jefe de personal | el teléfono
el crédito | la sala | divisas | el debate | el público | el seminario
el disquete | la fotocopiadora | el fax | el director general | la subdirectora

el banco	la oficina*	el congreso	el organigrama

* das Büro

Rincón de lectura

El español en el mundo.
Lesen Sie den Text über das Spanische in der Welt und sagen Sie, welche dieser drei Aussagen zutrifft.

- 40 millones de personas hablan español en el mundo.
- El español es la lengua más hablada en el mundo.
- Los españoles y latinoamericanos se saludan con "Buenos días".

400 (cuatrocientos) millones de personas se saludan* con "¡Buenos días!". Esta frase la dice Felipe Pérez en Madrid, Manuela Rodríguez en Barcelona pero también Juan Martínez en México, D.F., Mariana Truba en Buenos Aires y Anastasio González en Guinea Ecuatorial.

El español es la lengua más hablada del mundo después del chino mandarín y del inglés.

Además, unos 40 (cuarenta) millones de personas estudian español en el mundo: en universidades, colegios, academias y también en los centros del Instituto Cervantes.

* sich begrüßen

Caminos Online

Hier finden Sie weitere Informationen über das Spanische in der Welt.

Unidad 2

Encuentros

Lernwortschatz

Lerngrammatik

A Hola y adiós
1. Die Begrüßung und Vorstellung
2. Die Personalpronomen und das Verb *ser*
3. Das Verb *ser*
4. Die Anrede mit *tú / vosotros* und *usted / ustedes*
5. *Señor, señora* mit und ohne Artikel
6. Herkunft und Beruf
7. Buchstabieren
8. Angabe der Schreibweise
9. Typische Fehler deutschsprachiger Lerner

B ¿Y qué hace usted?
1. Männliche und weibliche Berufsbezeichnungen
2. Regelmäßige Verben auf *-ar*
3. Verben auf *-ar*
4. Der bestimmte und unbestimmte Artikel
5. Berufsbezeichnungen
6. Beruf und Arbeitsort
7. Fragen und Antworten zur Person

C Y usted, ¿dónde vive?
1. Regelmäßige Verben auf *-ar, -er, -ir*
2. Die Anrede mit *usted / ustedes* und *tú / vosotros*
3. Angaben zur Person
4. Das Verb *tener*
5. Die Zahlen bis 100
6. Zahlenreihen
7. Fragen zur Person

Ein Formular
Ein Sprachkurs in Spanien

Sich vorstellen und darauf reagieren 7
◆ Soy Pepe.
◇ Mucho gusto.
◆ Me llamo José Vega.
◇ Encantada.
◇ Encantado.

Nach dem Befinden fragen und antworten 8
◆ ¿Cómo estás?
◇ Muy bien, gracias.
◆ ¿Cómo está usted?
◇ Regular.
◆ ¿Qué tal?
◇ Fatal.

Die Herkunft angeben 9
◆ ¿De dónde eres?
◇ Soy de Alemania.
◆ ¿De dónde es usted?
◇ Soy de Múnich.

Den Wohnort angeben 10
◆ ¿Dónde vives?
◇ En Colonia.
◆ ¿Dónde vive usted?
◇ En Hamburgo.

Den Beruf angeben 11
◆ ¿Qué haces?
◇ Estudio Medicina.
◆ ¿Qué hace usted?
◇ Soy ingeniera.
◇ Soy responsable de…
◆ ¿Dónde trabaja?
◇ Trabajo en un banco.
◇ No tengo trabajo.

Sprachkenntnisse angeben 12
◆ ¿Qué lenguas hablas?
◇ Hablo inglés.
◆ ¿Qué lenguas habla?
◇ Hablo un poco de francés.

Die Telefonnummer angeben 13
◆ ¿Tienes teléfono?
◇ Sí, claro.
◆ ¿Tiene móvil?
◇ No, no tengo.
◆ ¿Cuál es su número?
◇ Es el 14 72 83.

Die E-Mail-Adresse angeben 14
◆ ¿Cuál es tu correo electrónico?
◇ Es p-ortega@yahoo.es.

Die Schreibweise angeben 15
◆ ¿Cómo se escribe?
◇ Con p minúscula.
◇ Con P mayúscula.
◇ Sin acento.

Das Alter angeben 16
◆ ¿Cuántos años tienes?
◇ Tengo 20 años.

Berufsbezeichnungen
la profesión
el ama de casa
el cocinero
el dentista
la empleada
el electricista
la enfermera
la estudiante
el ingeniero
el jefe
el mecánico
la médica
la profesora
el programador
la recepcionista
el representante
la secretaria
el taxista
el técnico comercial
la veterinaria

Arbeitsorte
la agencia de viajes
el banco
la empresa
la fábrica

Schule / Universität
la clase
el colegio
el instituto
la universidad
la universidad popular

Kommunikationsmittel
el teléfono
el móvil
el contestador automático
el fax
el ordenador
el correo electrónico
el periódico
el vídeo

Personen
el amigo ______
el compañero ______
los hijos ______
la novia ______
el señor / la señora ______
el alemán ______
el argentino ______

Namen
el nombre ______
el apellido ______

Aktivitäten
aprender español ______
escribir un fax ______
estudiar en la universidad ______
hablar alemán ______
pasar las vacaciones ______
ser empleado de banco ______
tener dos hijos ______
trabajar en un hospital ______
viajar por Argentina ______
vivir en Madrid ______

Tipp zum Vokabellernen

Wortnetze
Haben Sie Lust, eine kleine Gedächtnisübung zu machen? Versuchen Sie, sich diese beiden Wortreihen in 2 Minuten zu merken:

1. profesora, instituto, compañero, clase, estudiar, Matemáticas, lenguas, Arquitectura
2. bien, nombre, banco, ambiente, usted, fax, día, minúscula

Schließen Sie jetzt das Buch und versuchen Sie, sich an so viele Wörter wie möglich zu erinnern. Wie hat es geklappt? Wahrscheinlich konnten Sie sich die Wörter der ersten Reihe besser merken. Denn diese Wörter sind inhaltlich miteinander venetzt und in unserem Gehirn werden Informationen in „Netzen“ gruppiert und gespeichert. Sie können das Gehirn am besten unterstützen, wenn Sie den Wortschatz mithilfe einer „Gedächtniskarte“ individuell und thematisch gliedern. So ruft ein Wort das andere hervor und Sie prägen sich die Wörter besser ein. Außerdem können Sie den Wortschatz zu einem Thema übersichtlich und leicht zugänglich wiederholen.

Versuchen Sie, eine Gedächtniskarte zum Thema „trabajo“ zu erstellen.

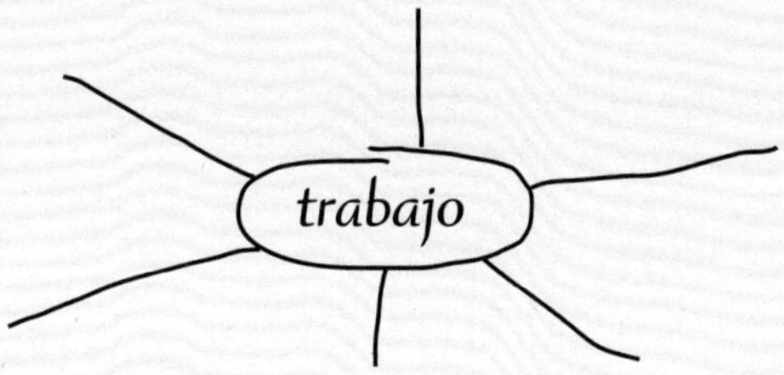

Unidad 2 A

Die Personalpronomen (Subjektpronomen)

- Einige Subjektpronomen haben Sie bereits kennen gelernt. Hier sehen Sie sie vollständig:

1. Person	yo	______
2. Person	________	*du*
3. Person	usted	______ (Sing.)
	________	*er*
	ella	______

1. Person	________	*wir*	(männl.)
	nosotras	_____	(weibl.)
2. Person	________	*ihr*	(männl.)
	vosotras	_____	(weibl.)
3. Person	________	*Sie*	(Plural)
	ellos	_____	(männl.)
	________	*sie*	(weibl.)

- Zur Erinnerung: Im Gegensatz zum Deutschen werden die Subjektpronomen im Spanischen meist weggelassen:

Hola, soy Alberto.	*Hallo, ich bin Alberto.*

Man gebraucht sie vor allem, wenn man die Person besonders hervorheben will oder um Missverständnisse zu vermeiden:

◆ ¿De dónde son Nacho y Luisa?	*Woher kommen Nacho und Luisa?*
◇ _______ es de Málaga y ______ de Cádiz.	*<u>Er</u> ist aus Málaga und <u>sie</u> aus Cádiz.*

- Für die höfliche Anrede *(Sie)* verwendet man **usted** bei einer, ________ bei mehreren Personen, wobei das Verb in der 3. Person steht:

¿Es **usted** la señora Pérez?	*Sind Sie Frau Pérez?*
¿Son **ustedes** de Granada?	*Sind Sie aus Granada?*

- In Lateinamerika benutzt man übrigens auch für die vertraute Anrede **ustedes** und nicht **vosotros/-as**.

- Wie Sie gesehen haben, unterscheidet man im Spanischen eine männliche und eine weibliche Pluralform. Bei gemischten Gruppen verwendet man die männliche Form:

José y Alberto: Nosotr___ somos de Madrid.
María y Carla: Nosotr___ somos de Sevilla.

María y Paco: Nosotr___ somos de Sevilla.

Das Verb ‚ser'

	ser	
yo	__________	*ich bin*
tú	__________	*du bist*
usted, él, ella	__________	*Sie sind, er/sie ist*
nosotros/-as	__________	*wir sind*
vosotros/-as	__________	*ihr seid*
ustedes, ellos/-as	__________	*Sie/sie sind*

- Das Verb **ser** *(sein)* ist unregelmäßig. Einige Formen kennen Sie bereits aus Unidad 1.

- Man verwendet **ser**, um z. B. den Namen, den Beruf und die Herkunft anzugeben:

¿Tú ______ Cristina?

Dalí ______ un pintor moderno.

(Yo) ______ de Valencia.

‚Señor, señora' mit und ohne Artikel

Man verwendet **señor**, **señora** ohne Artikel, wenn man eine Person direkt anspricht:	**La señora** Pérez es de Roma.
Man verwendet den bestimmten Artikel, wenn man über eine Person spricht:	¿Es usted **la señora** Sánchez?
Man verwendet den Artikel auch, wenn man eine Person nach dem Namen fragt:	Buenos días, **señor** Gil.

Die Verneinung mit ‚no'

- Zur Erinnerung: **No** kann ______, ______ oder *kein/e* heißen. In der Bedeutung *nicht* oder *kein/e* steht es immer vor dem Verb:

No, yo **no** soy Roberto. Me llamo Carlos. — *Nein, ich bin ______ Roberto. Ich heiße Carlos.*

El alemán **no** es una lengua románica. — *Deutsch ist ______ romanische Sprache.*

Nach dem Befinden fragen

- Um sich nach dem Befinden zu erkundigen, verwendet man das Verb **estar**:

¿Cómo ________? — *Wie geht es dir?*

¿Cómo ________ usted? — *Wie geht es Ihnen?*

➤ Weitere Formen von **estar** sehen Sie in Unidad 3.

- **Tipp:** ¿**Qué tal**? *(Wie geht's?)* können Sie für die vertraute und für die höfliche Anrede benutzen.

Das spanische Alphabet

- Nach der Schreibweise eines Wortes fragt man mit: ¿Cómo ________________?

A, a	*a*	**H, h**	______	**N, n**	*ene*	**T, t**	*te*
B, b	*be*	**I, i**	*i*	**Ñ, ñ**	*eñe*	**U, u**	*u*
C, c	______	**J, j**	______	**O, o**	*o*	**V, v**	______
D, d	*de*	**K, k**	*ka*	**P, p**	*pe*	**W, w**	*uve doble*
E, e	*e*	**L, l**	*ele*	**Q, q**	*cu*	**X, x**	______
F, f	*efe*	**Ll, ll**	*elle*	**R, r**	*erre*	**Y, y**	______
G, g	______	**M, m**	*eme*	**S, s**	*ese*	**Z, z**	______

M (eme mayúscula) **é** (______________) In Lateinamerika: **b** (be larga)

m (eme ____________) **ü** (u con diéresis) **v** (be corta)

- Die Buchstaben sind im Spanischen weiblich: **la** hache.

Unidad 2 B

Männliche und weibliche Berufsbezeichnungen

männlich	weiblich	männlich und weiblich
el ingenier___ el profesor	la ingenier___ la profesor**a**	el / la tax**ista** el / la canta**nte**

- Einige Berufsbezeichnungen haben eine männliche und eine weibliche Form, andere haben nur eine Form für beide Geschlechter, z. B. Wörter auf _____ und **-nte**.
- Vor weiblichen Substantiven, die mit betontem **a-** oder **ha-** beginnen, gebraucht man im Singular den männlichen Artikel: **el** ama de casa, aber: **las** amas de casa.

Nach dem Beruf fragen mit ‚hacer'

- Um nach dem Beruf zu fragen, verwendet man das Verb **hacer** *(machen, tun)*:

  ¿Qué **haces**? / ¿Qué ________ usted? *Was machst du? / Was machen Sie beruflich?*

➤ Die anderen Formen von **hacer** sehen Sie in Unidad 9.

Einige Possessivpronomen

- Im Spanischen gibt es im Singular jeweils nur eine Form für männlich und weiblich:

_____	*mein/e*	¿Qué hace **mi** ex-novia?
tu	_____	¿Cómo se escribe **tu** apellido?
_____	*Ihr/e, sein/e, ihr/e*	¿Cuál es **su** teléfono?

➤ Die Pluralformen lernen Sie in Unidad 9 kennen.

Regelmäßige Verben auf -ar

	trabaj**ar**
yo	trabaj_____
tú	trabaj_____
usted, él, ella	trabaj_____
nosotros/-as	trabaj_____
vosotros/-as	trabaj_____
ustedes, ellos, ellas	trabaj_____

- Bei den regelmäßigen Verben auf **-ar** werden statt der Infinitivendung die für die verschiedenen Personen typischen Endungen an den Wortstamm angehängt. Diese Endungen sind für alle regelmäßigen Verben auf **-ar** gleich, z. B. hablar, estudiar, pronunciar.
- Zur Erinnerung: Die Verbform **trabaja** kann sich auf verschiedene Personen beziehen:
  (Usted) **trabaja**. *Sie arbeiten.*
  (Él/Ella) **trabaja**. *Er / Sie arbeitet.*

Orts- und Richtungsangaben

¿Dónde? = *Wo?*
¿De dónde? = *Woher?*

¿**Dónde** trabajas? – **En** un hotel.
¿**De dónde** eres? – **De** Buenos Aires.

Unidad 2 C

Regelmäßige Verben auf -er und -ir

	aprend**er**	viv**ir**
yo	aprend___	viv___
tú	aprend___	viv___
usted, él, ella	aprend___	viv___
nosotros/-as	aprend___	viv___
vosotros/-as	aprend___	viv___
ustedes, ellos/-as	aprend___	viv___

- Auch hier werden statt der Infinitivendung die für die verschiedenen Personen typischen Endungen an den Wortstamm angehängt.
- Alle regelmäßigen Verben auf **-er** und **-ir** folgen diesen Modellen, z. B. vender und escribir.
- **Tipp:** Die Endungen der Verben auf **-er** und **-ir** sind für die meisten Personen gleich, nur bei den Formen für **nosotros/-as** und ____________ sind sie anders.

Das Verb ‚tener'

	tener
yo	__________
tú	__________
usted, él, ella	__________
nosotros/-as	__________
vosotros/-as	__________
ustedes, ellos, ellas	__________

- Das Verb **tener** *(haben)* ist unregelmäßig.
- Das Alter gibt man mit **tener … años** an:

  ~~Soy~~ ________ 20 años. *Ich bin 20 Jahre alt.*
- Beachten Sie, dass in Verbindung mit **tener** meist kein unbestimmter Artikel steht, wenn das Objekt nicht näher beschrieben wird:

  ¿Tiene móvil? *Haben Sie ein Handy?*
  No, no tengo. *Nein, ich habe keins.*

Die Zahlen von 11 bis 100

11	________	**16**	dieciséis	**21**	________	**60**	sesenta
12	doce	**17**	________	**30**	treinta	**70**	________
13	________	**18**	dieciocho	**31**	________	**80**	ochenta
14	catorce	**19**	________	**40**	cuarenta	**90**	________
15	________	**20**	veinte	**50**	________	**100**	cien

- Ab dreißig werden Zehner und Einer in zwei Wörtern geschrieben. Zwischen Zehnern und Einern steht immer **y**: treinta **y** uno.
- Einige zusammengesetzte Zahlen erhalten einen Akzent, damit die Betonung erhalten bleibt: 16 dieciséis, ____ veintidós, ____ veintitrés, ____ veintiséis.
- Zur Erinnerung: **Uno** wird vor männlichen Substantiven zu ____, vor weiblichen zu ____: treinta y **un** euros, treinta y **una** palabras.

➤ Die Zahlen über 100 finden Sie in Unidad 3.

A. Hola y adiós

1 **Saludar y presentarse.**
Sich begrüßen und vorstellen. Markieren Sie die passenden Antworten.

1. ¿Cómo está usted?
   - ☐ a) Mucho gusto.
   - ☐ b) Bien, gracias.
   - ☐ c) Adiós.

2. ¡Hola! Tú eres Victoria, ¿verdad?
   - ☐ a) No, eres María.
   - ☐ b) No, soy de Madrid.
   - ☐ c) Sí, y tú, ¿cómo te llamas?

3. Perdón, ¿es usted Manuela Artigas?
   - ☐ a) No, me llamo Claudia Romero.
   - ☐ b) Encantada.
   - ☐ c) Regular, gracias.

4. ¡Hola! Soy Alberto Campos.
   - ☐ a) No, soy Lidia.
   - ☐ b) ¡Hola! ¿Qué tal?
   - ☐ c) Bien, gracias.

5. ¿Sois de Granada?
   - ☐ a) Soy de Sevilla.
   - ☐ b) No, somos de Sevilla.
   - ☐ c) Somos los amigos de Raúl.

6. ¿Quién es Carlos Herrero?
   - ☐ a) Buenos días.
   - ☐ b) Tú eres Paula García.
   - ☐ c) Soy yo.

(Yo) soy… = Ich bin …
Soy yo. = Das bin ich.

2 **El verbo 'ser'.**
Tragen Sie die fehlenden Personalpronomen und Verbformen ein.

yo		usted, él, ella		vosotros/-as	
	eres		somos		son

3 **Conversaciones.**
Ergänzen Sie in diesen Dialogen die richtigen Formen von *ser*.

Lerntipp

Stellen Sie sich bei diesen Dialogen jeweils die Szenen vor. Beachten Sie bei der Wahl der richtigen Verbform, ob eine oder mehrere Personen angesprochen werden und ob sie sich duzen oder siezen.

1. ◆ ¡Hola! Tú _______ Alfonso, ¿verdad?
   ◇ Sí, ¿y tú quién _______?
   ◆ _______ Gerardo.
2. ◆ ¿Vosotros _______ de Lisboa?
   ◇ Sí, ¿y tú de dónde _______?
   ◆ _______ de Bilbao.
3. ◆ Perdón, ¿de dónde _______ usted?
   ◇ _______ de Aranjuez.
   ◆ ¡Qué sorpresa! ¡Nosotros también _______ de Aranjuez!
4. ◆ Ustedes _______ los señores Mejías de Madrid, ¿verdad?
   ◇ No, no _______ de Madrid, _______ de Toledo.
   ◆ ¡Ah! Perdón.
5. ◆ La profesora de español _______ de Venezuela, ¿no?
   ◇ No, _______ de Ecuador.

4 ¿Tú o usted?

Geben Sie an, ob sich diese Personen duzen oder siezen.

	tú / vosotros	usted / ustedes
1. Buenos días, señor Herrero. 2. ¿Cómo está? 3. ¿Es usted la señora Hernández? 4. Tú eres Rodrigo, ¿verdad? 5. Hola, Paco, ¿qué tal? 6. Yo soy Eva. ¿Y tú, cómo te llamas? 7. ¿De dónde son ustedes? 8. ¿Sois los amigos de Pilar?		

5 Señor, señora.

Setzen Sie *el, la, los* dort ein, wo es nötig ist.

1. ◆ ¡Hola, ______ señora Duarte! ¿Qué tal?
   ◇ Bien, bien, ______ señora.
2. ◆ ______ señor González, usted es de Almería, ¿verdad?
   ◇ No, ______ señora Sánchez es de Almería.
3. ◆ ¿Quién es ______ señor Alonso?
   ◇ ¿______ señor Alonso? Pues… no sé.
4. ◆ Buenas tardes, ______ señora Monente, ¿qué tal?
   ◇ Muy bien, gracias, ______ señor.
5. ◆ ______ señor Fraga, esta es ______ señora Núñez.
   ◇ Encantado, ______ señora.
   ◆ Mucho gusto, ______ señor Fraga.
6. ◆ Perdón, ¿son ustedes ______ señores Villalba?
   ◇ Sí, ______ señora.

Im Spanischen ist es durchaus üblich, jemanden mit *señor / señora* anzureden, ohne den Namen zu verwenden.

6 Dos personas no son de Valencia.

Finden Sie heraus, welchen Beruf diese drei Personen haben und in welcher Stadt sie jeweils wohnen.

– Concha no es de Valencia.
– La secretaria no se llama Ana.
– El ingeniero no es de Madrid.
– La médica no es de Sevilla.
– Rubén no es de Valencia.

nombre	profesión	ciudad

7 **¿Cómo se escribe?**
Welche spanischen Nachnamen werden hier buchstabiert?

1. ce – a – be – a – ene – i – elle – a – ese ______
2. uve – a con acento – zeta – cu – u – e – zeta ______
3. ce – erre – e – uve – a – te – i con acento – ene ______
4. ge – u – te – i – e con acento – erre doble – e – zeta ______

8 **Conteste las preguntas.**
Beantworten Sie die Fragen.

1. ¿Cómo se escribe "5" en español?
2. ¿Qué significa "mayúscula"?
3. "Adiós" se escribe sin acento, ¿verdad?
4. ¿"Múnich" se escribe con minúscula?
5. ¿"4" se escribe con "q"?
6. ¿Cómo se escribe "10", con "ce" o con "zeta"?

9 **La palabra correcta.**
Achtung, in diesen Sätzen sind Fehler enthalten. Sehen Sie sich die Sätze an und ersetzen Sie die fett gedruckten Wörter durch die richtigen Wörter auf der rechten Seite.

1. ¿Cómo **tú** llamas?
2. ¿**A** dónde son ustedes?
3. ¿Vosotras **son** amigas de Pilar?
4. ¿Quién **son** Cervantes?
5. ¡Hola Manuela! ¿Cómo **está**?
6. Tú **es** Estela, ¿verdad?
7. Buenas tardes, **el** señor Fuentes.
8. No, **soy** me llamo Alfredo. Me llamo Antonio.

a) estás
b) —
c) no
d) eres
e) sois
f) es
g) te
h) de

B. ¿Y qué hace usted?

1 a) **Profesiones.**
Ordnen Sie die Berufsbezeichnungen den drei Spalten zu und ergänzen Sie jeweils die Bezeichnung für das andere Geschlecht.

empleado ★ taxista ★ veterinario ★ estudiante ★ arquitecta ★ médico ★ cocinera ★ cantante ★ dentista ★ pintora ★ enfermera ★ autor

masculino	femenino	masculino y femenino
el empleado		

b) Können Sie noch andere Berufe ergänzen?

2 **a) Verbos en '-ar'.**
Ordnen Sie die Verbformen den entsprechenden Personen zu.

estudio | habláis | trabajan | habla | estudiamos | trabajas

	estudiar	trabajar	hablar
yo			
tú			
usted, él, ella			
nosotros/-as			
vosotros/-as			
ustedes, ellos, ellas			

b) Ergänzen Sie die fehlenden Verbformen.

3 **Verbos en '-ar'.**
Lesen Sie die kleinen Dialoge aufmerksam durch. Entscheiden Sie zuerst, welches der Verben sinngemäß in die Lücke gehört, und wählen Sie dann die passende Verbform.

Luisa y yo = nosotros/-as
José y tú = vosotros

trabajar | hablar | estudiar

1. ◆ María, tú ______________ en el Banco de la Provincia, ¿verdad?
   ◇ No, ahora ______________ en una biblioteca.
2. ◆ ¿Cuántas lenguas ______________ tú?
   ◇ Pues ______________ inglés y un poco de italiano.
3. ◆ Isabel ______________ en un hospital como enfermera.
   ◇ Sí, pero ______________ también Medicina en la universidad.
4. ◆ Luisa y yo ______________ muy bien inglés y francés.
   ◇ ¡Qué bien! Yo no ______________ lenguas extranjeras.
5. ◆ Yo ______________ Arquitectura en la Universidad de Valladolid. ¿Y tú?
   ◇ Yo soy profesora de matemáticas. ______________ en un instituto.
6. ◆ ¿José y tú ______________ en el restaurante "Encuentros"?
   ◇ Yo sí, pero él ______________ en el restaurante "Don Pedro".

4 Un, una, el, la.

Ergänzen Sie den Artikel, wo es nötig ist.

1. ◆ Y tú, ¿qué haces?
   ◇ Soy _____ empleado de banco.
2. ◆ ¿Tú trabajas en _____ Banco Metropolitano, ¿verdad?
   ◇ No, no, ahora trabajo en _____ empresa como _____ secretaria.
3. ◆ ¿Rosa Montero es _____ autora española, ¿verdad?
   ◇ Sí y también trabaja para _____ periódico.
4. ◆ La hija de Luisa estudia en Madrid, ¿no?
   ◇ Sí, estudia _____ Medicina en _____ Universidad Autónoma.
5. ◆ ¿Qué hace Andrés ahora?
   ◇ Es _____ recepcionista en _____ Hotel Embajador.
6. ◆ Juan Manuel es _____ taxista, ¿verdad?
   ◇ No, trabaja en _____ empresa Seat.

■ Der Beruf wird, ebenso wie im Deutschen, ohne Artikel angegeben:
Soy ~~una~~ secretaria.

■ Der unbestimmte Artikel steht nur, wenn der Beruf näher spezifiziert wird:
Es un autor famoso.

5 Dominó de profesiones.

Ordnen Sie die Berufsbezeichnungen den Fotos zu.

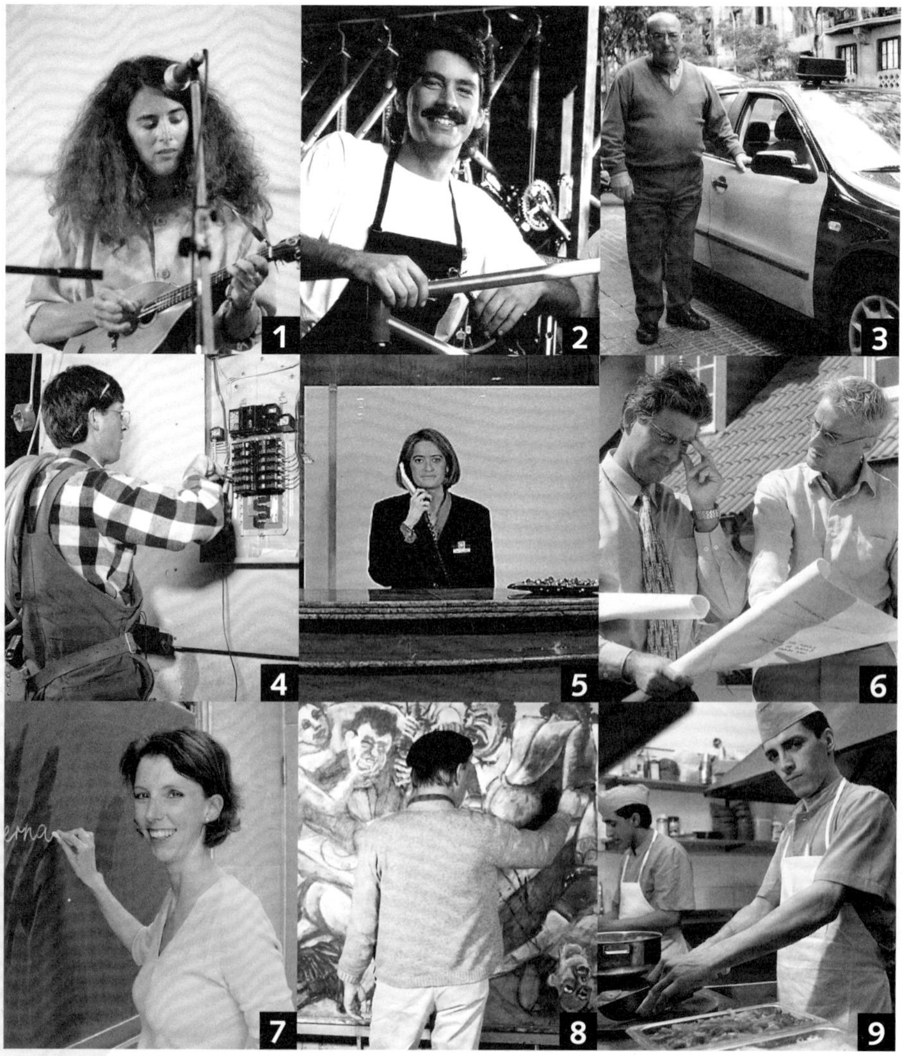

- ☐ taxista
- ☐ recepcionista
- ☐ arquitecto
- ☐ electricista
- ☐ profesora
- ☐ pintor
- ☐ cantante
- ☐ mecánico
- ☐ cocinero

6 **¿Qué hacen?**
Schreiben Sie mithilfe dieser Stichwörter, was die Personen beruflich machen.

1. José Luis – Arquitectura – Universidad – Valencia
   José Luis estudia Arquitectura en …
2. Gabriel – enfermero – hospital San Fernando
   ____
3. Marisa y yo – agencia de turismo – Cádiz
   ____
4. Pilar y Javier – técnicos comerciales – empresa textil – Alicante
   ____
5. Anabel y Elvira – Informática – Universidad – Zaragoza
   ____

7 **Relacione.**
Verbinden Sie die passenden Fragen und Antworten.

1. ¿Cómo se llama usted?
2. ¿De dónde es usted?
3. ¿Estudias inglés?
4. ¿Dónde trabaja usted?
5. ¿Usted es Antonio Ferrer?
6. ¿Trabajas en un hotel?
7. ¿Qué estudia usted?
8. ¿Qué hace usted?

a) No, estudio francés.
b) No, soy Augusto Galindo.
c) Soy secretaria.
d) Adriana Viñas.
e) Biología.
f) En una empresa multinacional.
g) Sí, soy recepcionista.
h) Soy de Granada.

C. Y usted, ¿dónde vive?

1 **a) Verbos.**
Ordnen Sie die Verbformen den entsprechenden Personen zu.

venden ★ escribís ★ trabajamos ★ viven ★ vendes ★ aprendo ★ escribe ★ vendéis ★ hablas ★ vives ★ habla ★ escribimos ★ paso ★ trabajan ★ aprende ★ pasáis ★ vivo ★ vendemos

	-ar	-er	-ir
yo tú usted, él, ella nosotros/-as vosotros/-as ustedes, ellos, ellas			

b) Wie lauten die Infinitive dieser Verben?

c) Sehen Sie sich die Tabelle noch einmal an und markieren Sie die für jede Verbgruppe typischen Endungen. Wo sind die Gemeinsamkeiten und Unterschiede zwischen den drei Verbgruppen?

2 Preguntas con 'usted / ustedes' y 'tú / vosotros'.

Hier sehen Sie einige Fragen aus dem Dialog von S. 27 im Lehr- und Arbeitsbuch. Wie würden sie in der du-Form lauten?

usted / ustedes	tú / vosotros
1. ◆ Ustedes no son argentinos, ¿verdad?	
2. ◆ ¿Dónde aprenden español?	
3. ◆ ¿Dónde viven?	
4. ◆ ¿Qué hacen?	
5. ◆ ¿Ahora pasan las vacaciones en Argentina?	
6. ◇ ¿Usted es de Puerto Iguazú?	
7. ◇ ¿Y qué hace?	

In Lateinamerika wird *vosotros/-as* nicht verwendet. Man benutzt auch für die vertraute Anrede *ustedes*.
Außerdem verwendet man in Argentinien und anderen Regionen statt *tú* das Pronomen *vos*, das besondere Verbformen hat.

3 Datos personales.

Lesen Sie die Angaben dieses Mannes und füllen Sie das Formular aus.

Archivo Editar Ver Insertar Formato Opciones Herramientas Ventana Ayuda
Enviar Dirección Adjuntar Ortografía Seguridad Guardar

Soy de Salamanca. Me llamo Víctor Aguirre Rubio. Trabajo en una filial del Banco de España. Soy técnico comercial. Tengo 28 años. Vivo en el centro, en la calle Molino, 36. Mi teléfono es el 923 45 56 17 y también tengo correo electrónico, que es viagui@yahoo.es.
Aprendo alemán, escucho música moderna y viajo mucho.

Carga de página terminada

Nombre y apellidos
Profesión
Lugar de trabajo
Edad *años*
Dirección actual *C/*
Teléfono
Correo electrónico
Hobbies

4 El verbo 'tener'.

Ergänzen Sie die passenden Verbformen.

1. Señor Suárez, usted ___________ móvil, ¿verdad?
2. María, ¿cuántos años ___________?
3. Alfonso y Paula ___________ dos hijos. La hija mayor, Marta, ___________ 18 años.
4. Carmen ___________ contestador automático pero no funciona.
5. Somos diez en la oficina pero ___________ poco trabajo.
6. ¿Yo? Claro que ___________ ordenador, pero no ___________ Internet.
7. Vosotros ___________ la lista del curso de español, ¿verdad?
8. Los españoles ___________ dos apellidos.

5 Los números hasta 100.

Ergänzen Sie die Vokale und schreiben Sie die Zahlen in Ziffern.

1. c__renta y c__nco: ________
2. s__tenta y tr__s: ________
3. v__ntitrés: ________
4. och__nta y d__s: ________
5. tr__nta y s__s: ________
6. n__venta y och__: ________
7. d__ciocho: ________
8. s__senta y s__te: ________

6 Los números.

Ergänzen Sie die Zahlenreihen.

1. cinco – diez – quince – ________ – ________ – ________
2. siete – catorce – veintiuno – ________ – ________ – ________
3. tres – seis – nueve – ________ – ________ – ________
4. diez – veinte – treinta – ________ – ________ – ________
5. quince – treinta – cuarenta y cinco – ________ – ________ – ________

7 Formule preguntas.

Formulieren Sie die Fragen für jemanden, den Sie duzen.

1. Tengo 26 años. *¿Cuántos años tienes?*
2. Soy de Madrid. ________
3. Es "ra.ga@yahoo.es" ________
4. Soy informático. ________
5. En Toledo. ________
6. No, soy de San Sebastián. ________
7. No, ella es Ana. ________
8. Hablo inglés y un poco de italiano. ________
9. Muy bien, gracias. ________
10. En un hospital. ________

Rincón profesional

Datos personales.

Tragen Sie in dieses Formular Ihre Personalien und Ihre Berufserfahrung ein.

Datos personales

Nombre y apellidos ....

Edad ....

Dirección ....

Teléfono ....

Correo electrónico ....

Profesión ....

....

Rincón de lectura

a) Un curso de español en España.
Eine Person aus Ihrem Kurs möchte im September einen zweiwöchigen Sprachkurs in Spanien besuchen und fordert bei drei Sprachschulen Informationsmaterial an. Lesen Sie den Brief und unterstreichen Sie die wichtigsten Informationen.

Estimados señores:
Me interesa hacer un curso intensivo de español (2 semanas) para principiantes* en septiembre.
Para mí es importante tener un programa de actividades culturales en la ciudad.
¿Me pueden enviar material de información?

Atentamente,

Michael Kramer

* Anfänger

b) Welche Sprachschule hat das passende Kursangebot?

Konzentrieren Sie sich beim Lesen dieser Texte auf die Informationen, mit deren Hilfe Sie die Aufgabe lösen können, und lassen Sie sich nicht durch unbekannte Wörter irritieren.

Proyectos España

Aprender español en Barcelona

- ✓ Cursos para principiantes (Nivel 1)
- ✓ Cursos para intermedios (Nivel 2 y 3)
- ✓ Cursos para avanzados (Nivel 4 y 5)
- ✓ Cursos intensivos en julio, agosto y septiembre
- ✓ Centro de encuentro y conversación
- ✓ Biblioteca
- ✓ Amplia oferta de actividades culturales

Contacto: mail@proyectosespana.com

LENGUAS EUROPA

Cursos especiales de español comercial
- Intensivos y superintensivos en julio y agosto
- Para profesores de español
- Prácticas empresas comerciales
- 40 horas por semana
- Alojamiento en hotel o pensión

Información:
Lenguas Europa, c/Marqués de Diéguez 15, 28014 Madrid
info@lenguaseuropa.es

Barcelona – Centro de Estudios

Estudiar español en una ciudad histórica y monumental.
Ofrecemos cursos para principiantes y avanzados con actividades prácticas:
- Español y flamenco
- Español y turismo
- Español comercial

Para más información visita nuestra web: www.centroestudios.es

Caminos Online

Hier finden Sie Informationen zu Sprachkursen in Spanien.

Unidad 3

Ciudades y pueblos

Lernwortschatz

Lerngrammatik

A Hay de todo
1. Wortschatz: Stadt
2. Adjektive
3. Gefallen und Missfallen: *me gusta/n*
4. Der Gebrauch von *gusta/n*, *hay* und *es*
5. Beschreibung von Städten

B ¿El Hotel Colón, por favor?
1. Das Verb *estar*
2. Der Gebrauch von *es* und *está*
3. Ortsangaben
4. Der Gebrauch von *hay* und *está*
5. Kleine Wegbeschreibungen
6. Wegbeschreibung
7. Die Zahlen über 100: Wechelkurse
8. Die Zahlen über 100: Einwohnerzahl der Autonomen Regionen Spaniens
9. Äußerungen über Städte

C ¿Adónde va?
1. Das Verb *ir* und die Verkehrsmittel
2. Die Verben *ser, estar* und *ir*
3. Wortschatz: U-Bahn
4. Gebrauch der Präpositionen
5. Typische Fehler deutschsprachiger Lerner
6. Dolmetschübung: sich in der Stadt bewegen

Anschriften und häufige Abkürzungen
Reiseführer von Caracas

Fragen, was es in einer Stadt gibt 17

- ◆ ¿Hay una catedral en Sevilla? ______
- ◇ Sí, sí hay. ______
- ◆ ¿Hay teatros en Casares? ______
- ◇ No, no hay. ______
- ◆ ¿Sabe usted si hay una farmacia por aquí? ______
- ◇ Sí, hay una en la Calle Goya. ______

Jemanden ansprechen 18

- ◆ Oiga. ______
- ◆ Perdón. ______
- ◆ Perdone. ______
- ◆ Por favor, … ______

Nach dem Weg fragen und antworten 19

- ◆ ¿Dónde está el mercado? ______
- ◇ Está en la Plaza Mayor. ______
- ◇ Está al lado del parque. ______
- ◆ ¿Para ir a la estación? ______
- ◇ Tienes que seguir todo recto. ______
- ◇ Tienes que cruzar la plaza. ______
- ◇ Tiene que girar a la derecha. ______
- ◇ Tiene que tomar la primera calle a la izquierda. ______

Den Weg mit Verkehrsmitteln angeben 20

- ◆ ¿Para ir al zoo? ______
- ◇ Tienes que tomar la línea 5 en dirección a “Capitolio”. ______
- ◇ Tienes que tomar el autobús número 15. ______
- ◇ Tiene que cambiar en “Bellas Artes”. ______
- ◇ Tiene que bajar en la próxima parada. ______
- ◇ Es directo. ______

Sich bedanken 21

- ◆ Muchas gracias. ______
- ◇ De nada. ______

Die Richtung erfragen und angeben 22

- ◆ ¿Adónde vas? ______
- ◇ Voy al supermercado. ______

Die Entfernung erfragen und angeben 23

- ◆ ¿Cuántos kilómetros hay de Toledo a León? ______
- ◇ Hay 392 kms. ______

Gefallen ausdrücken 24

- ◆ ¿Le gusta viajar? ______
- ◇ Depende. ______
- ◆ ¿Le gusta Roma? ______
- ◇ Sí, mucho. ______
- ◆ ¿Por qué? ______
- ◇ Porque me gustan las ciudades antiguas. ______
- ◆ ¿Te gusta el cava? ______
- ◇ No, nada. ______

Orte

el lugar ______
el pueblo ______
la ciudad ______
la capital ______

Gebäude

el aeropuerto ______
el aparcamiento ______
el ayuntamiento ______
el bar ______
la casa ______
la catedral ______
el cine ______
Correos ______
el edificio ______
la escuela ______
la estación ______
el estadio ______
la farmacia ______
la iglesia ______
el mercado ______
el museo de arte ______
la oficina ______
la oficina de turismo ______
el restaurante ______
el supermercado ______

In der Großstadt

las actividades culturales ______
el centro ______
la contaminación ______
el contraste ______
el estrés ______
el ruido ______
el tráfico ______

Verkehrswege

la autopista ______
la avenida ______
la calle ______
la esquina ______
la plaza ______
el semáforo ______

Verkehrsmittel
el autobús
el avión
la bicicleta
el coche
el metro
la moto
el taxi
el tren

Mit öffentlichen Verkehrsmitteln reisen
el billete
la dirección
la estación terminal
la línea
la parada

Adjektive
antiguo / moderno
bonito / feo
grande / pequeño
mucho / poco
pobre / rico
bueno
cultural
elegante
enorme
especial
famoso
fantástico
histórico
horrible
ideal
impresionante
simpático
tranquilo
varios

Personen
la gente
el habitante
la mexicana

Landschaftsbezeichnungen
la costa
el mar
la montaña
el parque
el río

Kontinente
Europa
Latinoamérica

Aktivitäten
buscar un hotel
descansar
escapar del estrés
estar
hay
ir a la playa
ir a pie
ir en coche
llegar

Ortsangaben
a la izquierda / a la derecha
aquí / allí
cerca / lejos
delante / detrás
en
enfrente
entre
hasta
al lado

Tipps zum Vokabellernen

Wörter in Bildern

„Ein Bild sagt mehr als tausende Worte". Sind Sie damit einverstanden? Dann gehören Sie vielleicht zu jener Lernergruppe, die mit visueller Unterstützung besser lernt. Versuchen Sie, ein Wort aus dieser Lektion bildlich darzustellen, z. B. casa, línea, esquina oder mar.

Wörter in Bewegung

Manchmal können wir uns Wörter besser merken, wenn wir sie mit einer Bewegung verbinden, z. B. „girar a la izquierda" mit einer entsprechenden Handbewegung nach links. Versuchen Sie es mit folgenden Wörtern:
seguir todo recto, gustar, pequeño, bicicleta.

Mimik uns Gestik sind übrigens ein universelles Verständigungsmittel und können Ihnen aus der schwierigsten Situation heraushelfen!

Wörter hören

Die Audio-CD mit den Redewendungen haben Sie sicherlich schon einige Male angehört. Wo und wie haben Sie sie angehört? Zu Hause mit geöffnetem Buch? Legen Sie sie doch einmal beim Autofahren, Bügeln oder Joggen ein und hören Sie die Redewendungen nebenher. Auf diese Weise prägen sie sich in Ihr Unterbewusstsein ein und Sie behalten sie leichter und müheloser im Gedächtnis.

Unidad 3 A

Hay

- **Hay** (auf Deutsch: ________) ist eine unpersönliche, unveränderliche Sonderform des Verbs **haber**. Es bezieht sich auf eine unbestimmte Sache:

  ¿**Hay** una autopista en Casares? – No, no **hay**.
  ¿**Hay** mucha gente en México, D.F.? – Sí, sí **hay**.

Das Adjektiv

- Adjektive richten sich in Geschlecht und Zahl nach dem Substantiv, auf das sie sich beziehen. Ist Ihnen aufgefallen, dass dies im Gegensatz zum Deutschen auch gilt, wenn das Adjektiv beim Verb steht?

Granada es una ciudad bonit___.	*Granada ist eine schöne Stadt.*
La ciudad es bonit___.	*Die Stadt ist schön.*

- Die Adjektive stehen meist hinter dem Substantiv: Tengo un coche nuevo.
  Immer nachgestellt werden Farben (➤ Unidad 6) und Nationalitäten (➤ Unidad 7): un pueblo blanco, un vino italiano.
  Vorgestellt werden kurze und häufig gebrauchte Adjektive. Immer vorgestellt werden **mucho**, **poco**, **tanto**, **otro**: En Casares hay **poca** gente y **mucha** tranquilidad.

	männlich		weiblich	
Singular		modern___		modern___
	un pueblo	grande	una ciudad	grande
		ideal		ideal
Plural		modern___		modern___
	pueblos	grande___	ciudades	grande___
		ideal___		ideal___

- Adjektive, die auf **-o** enden, bilden die weibliche Form auf ___.
  Adjektive, die auf **-e** oder ___________ enden, haben für männlich und weiblich dieselbe Form.
  Ausnahme: Nationalitätsadjektive, z. B. alemán, alemana; alemanes, alemanas (➤ Unidad 7).

- Adjektive bilden den Plural genauso wie Substantive:
  Bei Adjektiven, die auf Vokal enden, hängt man ein ___ an.
  Bei Adjektiven, die auf Konsonant enden, hängt man ___ an.

- Bezieht sich ein Adjektiv auf mehrere Substantive verschiedenen Geschlechts, so verwendet man die männliche Pluralform: El teatro y la ópera son fantástic___.

¿Por qué?

¿**Por qué** te gusta México?	________ *gefällt dir Mexiko?*
Porque es una ciudad fantástica.	________ *es eine fantastische Stadt ist.*

Das Verb ‚gustar'

- Das Verb **gustar** *(gefallen, mögen, etwas gern tun)* wird meistens in der 3. Person gebraucht. Im Unterschied zum Deutschen steht im Spanischen der Artikel:

__________ la música clásica. *Mir gefällt klassische Musik.*

- Man verwendet **gusta**, wenn ein Substantiv im __________ oder ein __________ folgt:

Me gusta la paella. *Ich mag Paella.*
¿**Te gusta** viajar? – Sí, mucho. *Reist du gerne? – Ja, sehr.*

- Man verwendet **gustan**, wenn ein Substantiv im __________ folgt:

__________ los museos? – No, nada. *Gefallen Ihnen Museen? – Nein, überhaupt nicht.*

Unidad 3 B

Oiga / Perdone

- Mit **Por favor** *(Bitte)*, **Oiga** *(Hören Sie)* und **Perdone** *(Entschuldigen Sie)* kann man jemanden ansprechen. Die beiden letzten Formen sind Imperative (Befehlsform).

Das Verb ‚estar'

	estar
yo	__________
tú	__________
usted, él, ella	__________
nosotros/-as	__________
vosotros/-as	__________
ustedes, ellos, ellas	__________

- **Estar** *(sein, sich befinden)* ist unregelmäßig.
- Man verwendet **estar**, um anzugeben, wo sich etwas befindet:

La catedral __________ en la Gran Vía.

- Zur Erinnerung: Man verwendet **estar** auch, um sich nach dem Befinden zu erkundigen:

¿Cómo __________? *Wie geht es dir?*

Der Gebrauch von ‚hay' und ‚está/están'

- **Hay** *(es gibt)* ist eine unpersönliche, unveränderliche Sonderform von **haber**. Es bezieht sich auf eine unbestimmte Sache und steht meist mit dem __________ Artikel:

hay +	– unbestimmter Artikel:	**Hay** una farmacia en la Plaza Mayor.
	– Substantive ohne Artikel:	En Segovia **hay** teatros.
	– Zahlen:	En Toledo **hay** 25 restaurantes.
	– unbestimmte Mengen:	En Mallorca **hay** muchos turistas.

- **Está/están** *(sein, sich befinden)* drückt aus, wo sich eine bestimmte Person oder Sache befindet, und steht meist mit dem __________ Artikel:

está/n +	– bestimmter Artikel:	La estación **está** en el centro.
	– Eigennamen:	Pedro y María **están** en casa.

Ortsangaben

- Bei vielen Präpositionen wird das nachfolgende Substantiv mit **de** angeschlossen:

a la izquierda	__________	a la izquierda **del** museo	*links vom Museum*
__________	*rechts*	a la derecha **de la** casa	*rechts vom Haus*
delante	__________	delante ____ mercado	*vor dem Markt*
__________	*dahinter*	detrás ____ catedral	*hinter der Kathedrale*
cerca	__________	cerca ____ estación	*in der Nähe des Bahnhofs*
__________	*weit weg*	lejos ____ ciudad	*weit weg von der Stadt*
al lado	__________	al lado ____ hotel	*neben dem Hotel*
__________	*gegenüber*	enfrente **de** Correos	*gegenüber von der Post*
		____ la plaza	*auf dem Platz*
por aquí	__________	____ el cine y el banco	*zwischen dem Kino und der Bank*

- Die Präposition **de** verschmilzt mit dem männlichen Artikel im Singular:
  de + el → **del**: cerca ____ hotel, aber: cerca ____ estación.

Der Ausdruck ‚tener que'

- Nach **tener que** *(müssen)* folgt ein Verb im ____________:

	seguir todo recto.		*geradeaus gehen.*
Tienes que	cruzar la plaza.	____________	*den Platz überqueren.*
Tiene que	girar a la izquierda.	____________	*links abbiegen.*
	tomar la primera a la derecha.		*die erste rechts nehmen.*

Die Ordnungszahlen

1ª = la primera;

2ª = la __________;

3ª = la __________

➤ Weitere Ordnungszahlen lernen Sie in Unidad 10 kennen.

Fragewörter

- ¿**Cuántos/-as**? *(Wie viele?)* passt sich an das nachfolgende Substantiv an:
  ¿**Cuánt**___ kilómetros hay a Marbella? *Wie viele Kilometer sind es nach Marbella?*
- Die Fragewörter tragen im Spanischen auch in indirekten Fragen einen Akzent:
  ¿Sabe usted ________ hay una farmacia? *Wissen Sie, wo es eine Apotheke gibt?*

Die Zahlen ab 100

- Zur Erinnerung: Die glatte Zahl 100 heißt **cien**: **cien** personas.
  Von 101 bis 199 verwendet man **ciento**: **ciento** uno.
- Beachten Sie: ciento **un** euros, ciento ____ personas.
- **Y** steht nur zwischen Zehnern und Einern: noventa **y** nueve mil ciento noventa **y** nueve.

100	____________	**1.000**	____________
200	doscientos	**1.001**	mil uno
300	____________	**1.010**	____________
400	cuatrocientos	**1.100**	mil cien
500	____________	**1.999**	____________
600	seiscientos	**10.000**	diez mil
700	____________	**100.000**	____________
800	ochocientos	**1.000.000**	un millón
900	____________	**10.000.000**	____________

- Ab 200 haben die Hunderter eine männliche und eine weibliche Form und richten sich nach dem nachfolgenden Substantiv: doscient___ euros, trescient___ personas.
- **Mil** ist unveränderlich: cuatro **mil** dólares.
- Ein auf **millón** folgendes Substantiv wird mit **de** angeschlossen: tres millones ____ euros.
- **Unos/-as** vor Zahlen bedeutet *ungefähr*: **unos** veinte millones de habitantes.

Unidad 3 C

Das Verb ‚ir' und seine Präpositionen

	ir
yo	__________
tú	__________
usted, él, ella	__________
nosotros/-as	__________
vosotros/-as	__________
ustedes, ellos, ellas	__________

- Das Verb **ir** *(gehen, fahren)* ist unregelmäßig.
- Zur Erinnerung: Man verwendet **ir** in Verbindung mit **a**, um die Richtung anzugeben:
  ¿**Adónde** vas?
  Voy **a** España / **a la** playa / **al** museo.
- ¡Ojo! Die Präposition **a** verschmilzt mit dem männlichen Artikel im Singular:
  a + el → ____.
- Man verwendet **ir** in Verbindung mit **en**, um das Verkehrsmittel anzugeben:
  Voy **en** coche / **en** tren / **en** avión.
  Aber: Voy **a** pie.

Hay que

- Nach dem unpersönlichen, unveränderlichen **hay que** *(man muss)* folgt – wie nach **tener que** – ein Verb im ___________:

  Hay que tomar la línea 1. — *Man muss die Linie 1 nehmen.*

A. Hay de todo

1 **La ciudad.**
Ordnen Sie die Wörter den folgenden Kategorien zu. Beachten Sie, dass manche Wörter in mehrere Spalten passen können.

teatro | exposición | avenida | universidad | hospital | autopista
galería de arte | aeropuerto | hotel | festival | biblioteca | calle
cine | catedral | carretera | coche | concierto | fábrica

cultura	tráfico	edificios

2 **¿Ciudad o pueblo?**
Ergänzen Sie die Adjektivendungen und entscheiden Sie, ob sich die Sätze auf eine Stadt oder ein Dorf beziehen.

	ciudad	pueblo
1. Aquí hay much___ habitantes y much___ coches y el tráfico es enorm___. También hay edificios modern___ y centros comercial___.	☐	☐
2. En el centro siempre hay una plaza pequeñ___ con much___ gente y hay poc___ actividades cultural___.	☐	☐
3. Hay much___ tranquilidad, poc___ tráfico, poc___ turistas. Es un lugar ideal___ para escapar del estrés.	☐	☐
4. Aquí hay casas blanc___, iglesias antigu___, calles tranquil___ y la gente es simpátic___.	☐	☐
5. Es un lugar fantástic___, con much___ actividades cultural___. Tiene much___ teatros, cines y museos interesant___.	☐	☐
6. Aquí en el centro hay much___ restaurantes con terrazas grand___. Hay much___ bares tranquil___ pero también much___ bares con música.	☐	☐

3 Me gusta/n.

Eine Person hat in diesem Fragebogen angegeben, was ihr gefällt bzw. nicht gefällt. Schreiben Sie, was sie wohl gesagt hat.

Me gustan los pintores surrealistas.
No me gusta nada aprender italiano.

	gustar mucho	gustar	no gustar	no gustar nada
1. pintores surrealistas		✓		
2. aprender italiano				✓
3. golf			✓	
4. música moderna		✓		
5. vacaciones	✓			
6. vivir en un pueblo			✓	
7. playas de España	✓			
8. teatro				✓

4 ¿Por qué?

Ergänzen Sie die Sätze mit den passenden Verben.

gusta/n | hay | es

1. ◆ ¿Por qué te ________ las playas del Océano Atlántico?
   ◇ Porque no ________ mucha gente.
2. ◆ ¿Por qué no le ________ vivir en un pueblo?
   ◇ Porque no ________ actividades culturales.
3. ◆ ¿Por qué le ________ viajar por Latinoamérica?
   ◇ Porque ________ un continente muy interesante.
4. ◆ ¿Por qué no te ________ las ciudades grandes?
   ◇ Porque ________ muchos coches y mucha contaminación.
5. ◆ ¿Por qué le ________ el español?
   ◇ Porque ________ una lengua fácil y fascinante.
6. ◆ ¿Por qué no te ________ las discotecas?
   ◇ Porque ________ mucha gente y mucho ruido.

¿Por qué? = Warum?
Porque … = Weil …

5 Ciudades del mundo.

Formulieren Sie so viele Sätze wie möglich, um diese Städte zu beschreiben.

Modelo:
Madrid es la capital de España. En Madrid hay un museo famoso, se llama Museo del Prado. Tiene muchos lugares históricos, por ejemplo la Plaza Mayor. También hay …

Madrid
capital de España

Museos: Museo del Prado
Lugares históricos: Plaza Mayor
Interesante: muchos bares y restaurantes

Buenos Aires
capital de Argentina

Lugares históricos: Plaza de Mayo
Interesante: los bares y restaurantes de la calle Corrientes

La Habana
capital de Cuba

Lugares históricos: Plaza de Armas
Monumento histórico: el Capitolio de la Nación
Interesante: las fábricas de cigarros

Berlín
capital de Alemania

Museos: Museo Pergamón
Monumentos históricos: la Puerta de Brandeburgo
Interesante: los mercados turcos de Kreuzberg

B. ¿El Hotel Colón, por favor?

1

El verbo 'estar'.
Ergänzen Sie die passenden Formen von *estar*.

1. ◆ ¿Dónde _________ el Ayuntamiento?
   ◇ _________ al final de la calle, a la derecha.
2. ◆ Mira la foto, aquí tú y Mauricio _________ en el Museo Reina Sofía, ¿verdad?
   ◇ Sí, y aquí _________ en el Parque del Retiro.
3. ◆ Ángel, ¿hoy _________ en la oficina, ¿verdad?
   ◇ No, no. Hoy _________ en casa. ¿Por qué?
4. ◆ En Alicante los restaurantes tradicionales _________ cerca de la playa.
5. ◆ ¡Buenas tardes, señor Alonso! ¿Cómo _________?

2

¿Es o está?
Verbinden Sie die Satzteile miteinander.

Lisboa		en el sur de Alemania.
Múnich		quizás la ciudad más grande del mundo.
Nicaragua	es	una ciudad muy antigua.
México, D. F.	está	en Andalucía.
Casares		la capital de Portugal.
Roma		en Centroamérica.

Im Spanischen gibt es zwei Verben für das deutsche „sein": Man verwendet *ser* für Definitionen und *estar* um anzugeben, wo sich etwas befindet.

3

¿Dónde están?
Suchen Sie acht Unterschiede zwischen den Zeichnungen.

El libro está sobre la mesa.

El libro está sobre la silla.

sobre = auf, über
debajo de = unter

4 ¿Hay o está?

Ergänzen Sie das jeweils passende Verb.

1. ◆ Perdón, ¿dónde ______ Correos?
   ◇ ______ a la izquierda del Hotel Colón.
2. ◆ Por favor, ¿______ un banco por aquí?
   ◇ Sí, el Banco Central. ______ en la Plaza de España.
3. ◆ ¿Sabe usted si ______ una farmacia por aquí?
   ◇ Sí, la farmacia Pasteur, ______ a la izquierda de la estación.
4. ◆ Perdone, ¿dónde ______ la Oficina de Turismo?
   ◇ ______ enfrente del aparcamiento.
5. ◆ Perdón, ¿dónde ______ una cabina de teléfonos?
   ◇ ______ una aquí enfrente.
6. ◆ Oiga, ¿______ un cámping por aquí?
   ◇ ¿Un cámping? No, aquí no ______.

5 Descripciones de caminos.

Ordnen Sie die Wegbeschreibungen den Plänen zu und ergänzen Sie anschließend die fehlenden Wegbeschreibungen.

- ☐ Tiene que girar a la derecha.
- ☐ Tiene que tomar la segunda a la izquierda.
- ☐ Tiene que cruzar la plaza.
- ☐ ______________________________
- ☐ ______________________________

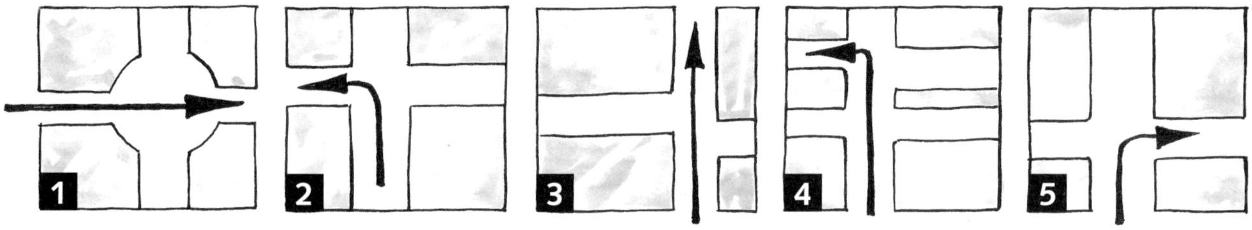

6 ¿Dónde está el hotel 'Bahía de Málaga'?

Folgen Sie der Wegbeschreibung auf dem Stadtplan und markieren Sie, wo sich das Hotel „Bahía de Málaga“ befindet.

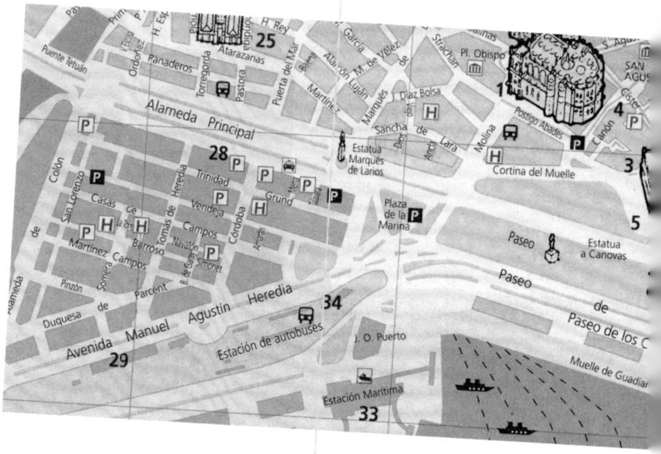

Desde la estación de autobuses [34]:
Tomar la avenida Manuel Agustín Heredia. En la segunda calle girar a la derecha y tomar la calle de Córdoba. En la segunda calle, la calle Simonet, girar a la izquierda y seguir todo recto por la calle Barroso hasta la calle Somera. Nuestro hotel está en la esquina calle Somera con calle Barroso.

7 **300 €.**
Sie reisen nach El Salvador, Honduras und Guatemala und möchten 300 € in die jeweilige Landeswährung umtauschen.

¿Cuántos colones son en El Salvador? ________
¿Cuántas lempiras son en Honduras? ________
¿Cuántos quetzales son en Guatemala? ________

Cambio

1 euro = 10 colones
1 euro = 20 lempiras
1 euro = 9 quetzales

8 **Las Comunidades Autónomas de España.**
Lesen Sie den folgenden Text über die Autonomen Regionen Spaniens und ergänzen Sie die fehlenden Einwohnerzahlen.

Andalucía	________
Aragón	1.204.215
Asturias	1.062.998
Baleares	841.669
Canarias	1.694.477
Cantabria	________
Castilla y León	2.456.474
Castilla-La Mancha	1.760.516
Cataluña	________
Extremadura	1.058.503
Galicia	2.695.880
Madrid	________
Murcia	1.197.646
Navarra	555.829
País Vasco	2.082.587
La Rioja	________
Valencia	________
Ceuta	________
Melilla	________
Total	________

Las comunidades autónomas con más habitantes son **Andalucía** con siete millones trescientos cincuenta y siete mil quinientos cincuenta y ocho habitantes, **Cataluña** con seis millones trescientos cuarenta y tres mil ciento diez habitantes, la **Comunidad de Madrid** con cinco millones cuatrocientos veintitrés mil trescientos ochenta y cuatro habitantes y la **Comunidad Valenciana** con cuatro millones ciento sesenta y dos mil setecientos setenta y seis habitantes.

Las autonomías que tienen menos habitantes son **Cantabria** con quinientos treinta y cinco mil ciento treinta y un habitantes y **La Rioja** con doscientos setenta y seis mil setecientos dos habitantes. Las ciudades autónomas **Ceuta** y **Melilla,** en el norte de África, están al final de esta lista con setenta y un mil quinientos cinco habitantes (Ceuta) y sesenta y seis mil cuatrocientos once habitantes (Melilla).

En total el país tiene cuarenta millones ochocientos cuarenta y siete mil trescientos setenta y un habitantes.

Instituto Nacional de Estadística, 2001

9 **Preguntas y respuestas.**
Verbinden Sie die Fragen und Antworten.

1. ¿Te gustan las grandes ciudades?
2. Perdón, ¿dónde está el Hotel Austral?
3. ¿Cuántos kilómetros hay de Madrid a Toledo?
4. ¿Te gusta ir a la playa?
5. ¿Dónde hay un aparcamiento por aquí?
6. El cine está al lado del supermercado, ¿verdad?
7. ¿Cuál es el prefijo de Toledo?
8. ¿Por qué vas siempre a Barcelona?

a) Es el nueve cinco dos.
b) No, está al lado de la farmacia.
c) Sí, me gustan mucho.
d) Unos setenta.
e) En la plaza hay uno.
f) Está en la Plaza Mayor.
g) Sí me gusta, pero voy poco.
h) Porque es una ciudad fascinante.

C. ¿Adónde va?

1 **¿Cómo van?**
Ergänzen Sie die passenden Verbformen von *ir* und die Verkehrsmittel.

ir a: Richtung
ir en: Verkehrsmittel

1. Yo _voy_ a la clase de español  _en coche_.
2. Carlos y yo ________ de excursión ________ .
3. Julia, ¿tú ________ al centro 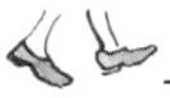 ________?
4. Mi familia ________ a Perú de vacaciones ________ .
5. No me gusta ________ al trabajo  ________.
6. Los turistas ________ al centro histórico de la ciudad ________ .
7. Vosotros ________ a Sevilla ________ 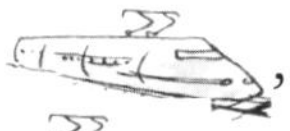, ¿verdad?
8. De Madrid a Barcelona es mejor ________ 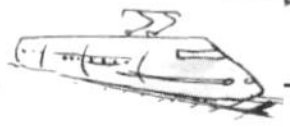 ________ o ________ .

2 **Ser, estar, ir.**
Ordnen Sie diese Verbformen in die Tabelle ein und ergänzen Sie die fehlenden Formen.

soy | somos | estáis | vas | van | está

	ser	estar	ir
yo			
tú			
usted, él, ella			
nosotros/-as			
vosotros/-as			
ustedes, ellos, ellas			

3

El metro de Caracas.

Ergänzen Sie mithilfe des Plans die passenden Wörter.

estación terminal ★ tomar ★ dirección ★ bajar ★ estaciones ★ líneas ★ cambiar

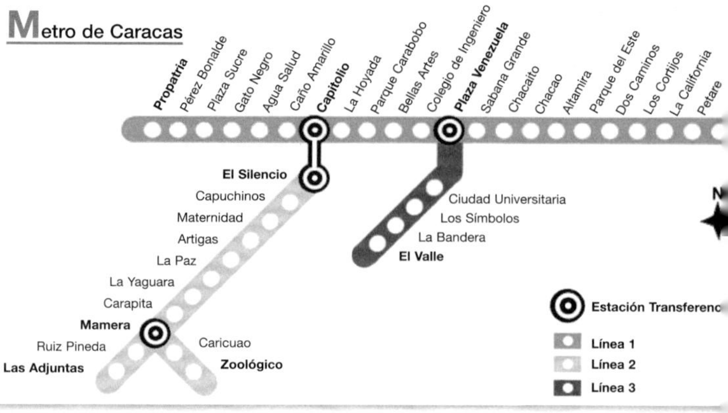

1. El metro de Caracas tiene 3 ___________.
2. La línea 1 tiene 22 ___________.
3. La ___________ de la línea 3 es "El Valle".
4. Para ir de "La Paz" (línea 2) a "Altamira" (línea 1) hay que ___________ en "Capitolio".
5. Para ir al Museo de Bellas Artes hay que ___________ en "Bellas Artes".
6. Para ir a "Mamera" hay que ___________ la línea 2 en ___________ a "Las Adjuntas".

4

Preposiciones.

Ergänzen Sie in diesen Dialogen die richtigen Präpositionen.

1. ◆ Perdone, ¿este metro va _al_ parque del Este?
   ◇ No, va ____ zoológico.
2. ◆ ¿Dónde tenemos que bajar ____ ir ____ la catedral?
   ◇ ____ "Capitolio".
3. ◆ ¿Y para ir ____ Centro Comercial de Sabana Grande?
   ◇ Tienes que tomar la línea 1 y bajar ____ "Sabana Grande".
4. ◆ Perdón, para ir ____ metro ____ Museo Bolívar, ¿es directo?
   ◇ No, tiene que cambiar ____ "Plaza Venezuela" ____ la línea 1 y bajar ____ "Capitolio".
5. ◆ ¿Hay que ir ____ autobús ____ la Ciudad Universitaria?
   ◇ Sí, pero también puede tomar el metro ____ dirección ____ "El Valle".
6. ◆ Perdón, ¿para ir ____ la estación ____ autobuses ____ pie?
   ◇ Está lejos. Tienen que ir todo recto ____ la plaza Diego Ibarro y allí preguntar otra vez.

In Lateinamerika heißen einige Verkehrsmittel anders als in Spanien. So nennt man z. B. die U-Bahn in Argentinien *subterráneo*. Einen Bus nennt man in Kuba und auf den Kanaren *guagua*, in Mexiko *camión* und in Argentinien *colectivo*.

5

La palabra correcta.

Achtung, in diesen Sätzen sind Fehler enthalten. Sehen Sie sich die Sätze an und ersetzen Sie die fett gedruckten Wörter durch die richtigen Wörter auf der rechten Seite.

1. Vamos **en** España en coche.
2. Me gusta **trabajo**.
3. Vivimos **a** Valencia.
4. En Madrid **están** muchos monumentos interesantes.
5. Los turistas **son** en el taxi.
6. Julia y yo **viven** en Alemania.
7. ¿**Qué** es tu número de teléfono?
8. Manuel y tú **trabajan**.

a) trabajar
b) hay
c) a
d) están
e) trabajáis
f) cuál
g) en
h) vivimos

6 **¿Qué dice usted…?**
Was sagen Sie, wenn …

1. … es viel Verkehr in der Stadt gibt?
2. … Ihnen große Städte gar nicht gefallen?
3. … es in Marbella viele Touristen gibt?
4. … Sie zu Fuß ins Zentrum gehen?
5. … Sie wissen wollen, ob es in der Nähe eine Bank gibt?
6. … Sie wissen wollen, ob es bis zum Bahnhof weit ist?
7. … Sie wissen wollen, wie man zum Museum Bolívar kommt?
8. … Sie wissen wollen, ob dieser Bus zur Kathedrale fährt?

Rincón profesional

La dirección en el sobre.
Lesen Sie die Zettel und entnehmen Sie die notwendigen Angaben, um die Briefumschläge zu beschriften.

Rincón de lectura

Caracas.
Lesen Sie diesen Auszug aus einem Reiseführer von Caracas und fassen Sie anschließend den Inhalt zusammen.

74 ■■■ Venezuela

Caracas

Caracas, la capital de Venezuela, está cerca de la costa, a 16 km de las playas bonitas del Océano Atlántico. Tiene un clima muy agradable todo el año porque está a 800 metros de altura.

Es una ciudad muy moderna, dinámica, con mucha actividad cultural y con muchos parques y jardines.

La gente de Caracas dice que la ciudad es "la sucursal del cielo"*, porque tiene de todo.

En el centro histórico de la ciudad hay muchas cosas interesantes para visitar, por ejemplo la catedral (1665), la Casa Amarilla (1640), El Palacio de Miraflores (1884) y muchos otros edificios históricos.

La ciudad ofrece al turista muchas posibilidades culturales, por ejemplo, el Museo de Bellas Artes o el Museo de Arte Contemporáneo.

Pero también tiene muchos parques: el Parque Nacional El Ávila, que es el símbolo de la ciudad, o el Parque Zoológico, por ejemplo.

¿Por qué no visita Caracas? Vale la pena.

i

El metro de Caracas es una galería de arte.

En una ciudad como Caracas – con 4 millones de habitantes, con casi un millón de coches y mucha contaminación – el metro es una alternativa excelente. Es un medio de transporte práctico: puntual, tranquilo y muy fresco.

Pero lo interesante en el metro de Caracas es que en cada estación hay obras de arte y esculturas de artistas modernos de toda Venezuela. Para ver las obras hay que viajar en metro y bajar en cada estación.

Así, el metro de Caracas es como una galería de arte y una atracción más para los turistas que visitan la ciudad.

* „die Zweigstelle des Himmels"

¿Dónde? ______________________

¿Cómo es? ______________________

____

¿Qué hay? ______________________

____

Además: ______________________

____

Caminos Online

¿Le interesan Caracas y Venezuela?

Unidad 4

Revuelto

Test

Hier können Sie Ihren Lernfortschritt selbst kontrollieren.

1. Wortschatz und Grammatik	Vocabulario y estructuras
2. Hörverstehen	Comprensión auditiva
3. Hören und Antworten	Respuestas adecuadas
4. Leseverstehen	Comprensión lectora

Verben auf einen Blick

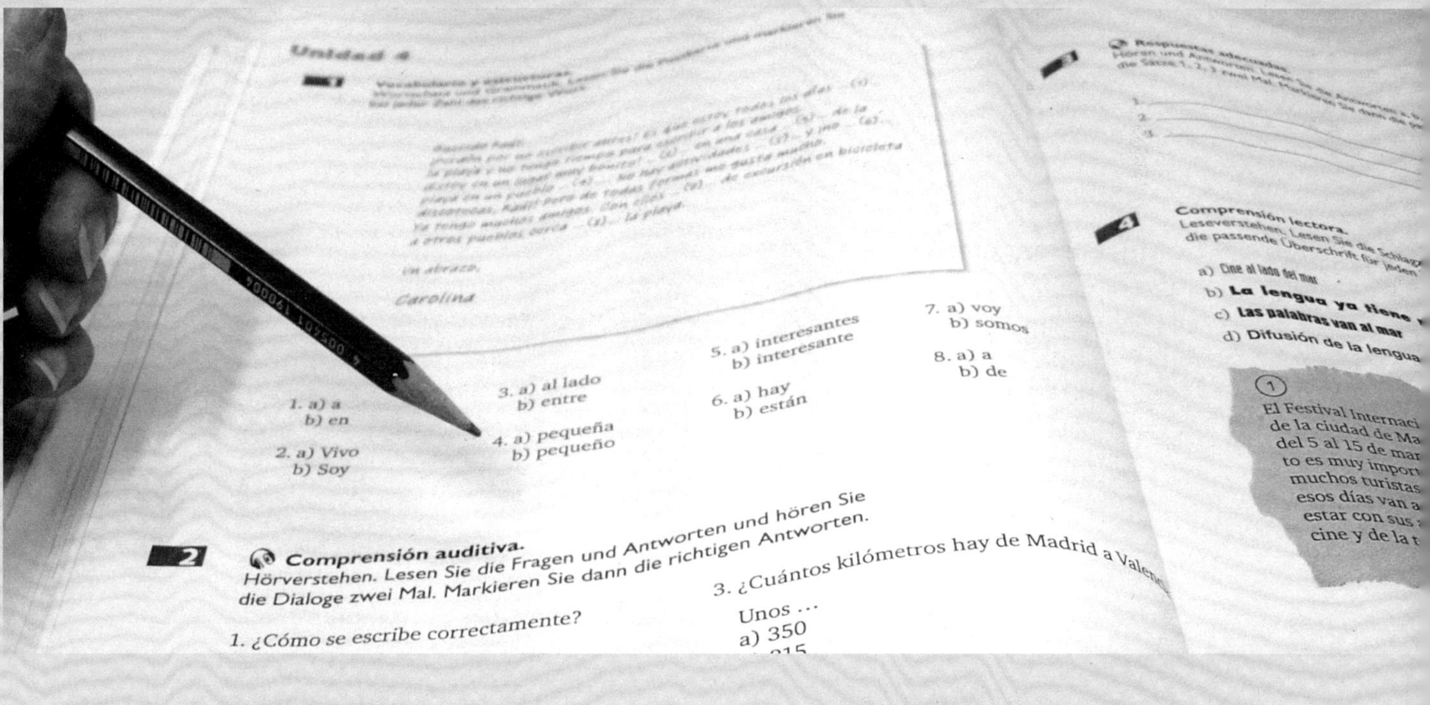

1 Vocabulario y estructuras.

Wortschatz und Grammatik. Lesen Sie die Postkarte und markieren Sie bei jeder Zahl das richtige Wort.

Querido Raúl:
¡Perdón por no escribir antes! Es que estoy todos los días ... (1) ... la playa y no tengo tiempo para escribir a los amigos.
¡Estoy en un lugar muy bonito! ... (2) ... en una casa ... (3) ... de la playa en un pueblo ... (4) ... No hay actividades ... (5) ... y ¡no ... (6) ... discotecas, Raúl! Pero de todas formas me gusta mucho.
Ya tengo muchos amigos. Con ellos ... (7) ... en bicicleta a otros pueblos cerca ... (8) ... la playa.

Saludos,

Carolina

1. a) a b) en	3. a) al lado b) entre	5. a) interesantes b) interesante	7. a) voy b) somos
2. a) Vivo b) Soy	4. a) pequeña b) pequeño	6. a) hay b) están	8. a) a b) de

2 Comprensión auditiva. 25

Hörverstehen. Lesen Sie die Fragen und Antworten und hören Sie die Dialoge zwei Mal. Markieren Sie dann die richtigen Antworten.

1. ◆ ¿Cómo se escribe correctamente?
   a) ◇ JAÉN.
   b) ◇ GAÉN.

2. ◆ ¿Cuál es el prefijo de Cádiz?
   ◇ Es el …
   a) 957.
   b) 956.

3. ◆ ¿Cuántos kilómetros hay de Madrid a Valencia?
   ◇ Unos …
   a) 350.
   b) 315.

4. ◆ ¿Cuál es tu número de teléfono?
   ◇ Es el …
   a) 982 49 65 20.
   b) 982 49 75 20.

3 **Respuestas adecuadas.** 26

Hören und Antworten. Lesen Sie die Antworten a, b, c, d und hören Sie die Sätze 1, 2, 3 zwei Mal. Markieren Sie dann die passenden Antworten.

1. …
2. …
3. …

a) Muy bien, gracias.
b) Tiene que tomar la línea A.
c) Sí, mucho.
d) Enfrente hay uno.

4 **Comprensión lectora.**

Leseverstehen. Lesen Sie die Schlagzeilen und die Texte und wählen Sie dann die passende Überschrift für jeden Text.

a) Cine al lado del mar
b) **La lengua ya tiene museo**
c) **Las palabras van al mar**
d) **El español en el mundo**

(1)
El Festival Internacional de Cine de la ciudad de Mar del Plata es del 5 al 15 de marzo. Este evento es muy importante y muchos turistas vienen a la ciudad. En esos días van a las playas para estar con los actores de cine y de televisión.

(2)
Según José Pascual de la Real Academia Española, el español es cada día más importante en el mundo. Por ejemplo, en Estados Unidos hablan español 39 millones de personas, casi la misma cantidad que viven en el Estado español (41 millones).

(3)
La ciudad de Vigo tiene ahora un nuevo museo: el Museo de la Lengua. Está en el centro de la ciudad cerca de la playa. La arquitectura del museo es moderna y muy interesante. Los turistas pueden visitar sus distintas salas sobre lenguas, literatura y tecnología.

Verben auf einen Blick

Sie haben bereits die Konjugation der regelmäßigen Verben sowie einiger unregelmäßiger Verben kennen gelernt. Hier sehen Sie die Konjugationsmuster auf einen Blick. Notieren Sie doch neben die regelmäßigen Verben weitere Verben, die genauso konjugiert werden, und erarbeiten Sie sich auf diese Weise Ihre „persönliche" Verbliste.

Regelmäßige Verben

	trabaj**ar**	weitere Verben auf **-ar**
yo	trabaj**o**	
tú	trabaj**as**	
usted, él, ella	trabaj**a**	
nosotros/-as	trabaj**amos**	
vosotros/-as	trabaj**áis**	
ustedes, ellos, ellas	trabaj**an**	

	aprend**er**	weitere Verben auf **-er**
yo	aprend**o**	
tú	aprend**es**	
usted, él, ella	aprend**e**	
nosotros/-as	aprend**emos**	
vosotros/-as	aprend**éis**	
ustedes, ellos, ellas	aprend**en**	

	viv**ir**	weitere Verben auf **-ir**
yo	viv**o**	
tú	viv**es**	
usted, él, ella	viv**e**	
nosotros/-as	viv**imos**	
vosotros/-as	viv**ís**	
ustedes, ellos, ellas	viv**en**	

Unregelmäßige Verben

	tener	**ser**	**estar**	**ir**
yo	**tengo**	**soy**	est**oy**	**voy**
tú	t**ie**nes	**eres**	est**á**s	**vas**
usted, él, ella	t**ie**ne	**es**	est**á**	**va**
nosotros/-as	tenemos	**somos**	estamos	**vamos**
vosotros/-as	tenéis	**sois**	estáis	**vais**
ustedes, ellos, ellas	t**ie**nen	**son**	est**á**n	**van**

Hay *(es gibt)* ist eine unpersönliche, unveränderliche Sonderform des Verbs **haber**.

Unidad 5

¡Que aproveche!

Lernwortschatz

Lerngrammatik

A ¿Algo más?
1. Produkte und Verpackungen
2. Mengenangaben
3. Redemittel beim Einkaufen
4. Dolmetschübung: nach dem Preis von Produkten fragen
5. Die direkten Objektpronomen *lo, la, los, las*
6. Die direkten Objektpronomen
7. Mengenangaben: spanische Kochrezepte

B ¿Qué tal el pescado?
1. Wortschatz: Speisekarte
2. Im Restaurant bestellen
3. Verben mit Vokalwechsel (*e–ie, e–i*)
4. Regelmäßige und unregelmäßige Verben
5. Wortschatz: Tischgedeck
6. Etwas nachbestellen
7. Das Essen bewerten
8. Gebrauch der Präpositionen
9. Äußerungen im Restaurant und auf dem Markt

C Comidas y costumbres
1. Essgewohnheiten
2. Verben mit Vokalwechsel (*e–ie, e–i, o–ue*)
3. Die Uhrzeit und Tageszeit
4. Dolmetschübung: die Uhrzeit und Tageszeit angeben
5. Beschreibung von Tapas
6. Beschreibung von Gerichten
7. Gebrauch von *ser* und *estar*
8. Das deutsche „man“ = *se*
9. Äußerungen im Restaurant

Tischreservierung für ein Geschäftsessen

Ratschläge, um Tapas essen zu gehen

Etwas im Geschäft verlangen 27
◆ ¿Qué desea?
◇ ¿Tiene queso manchego?
◇ Quería un paquete de café.
◇ Quiero un kilo de tomates.
◆ ¿Cómo los quiere?
◇ No muy verdes.
◆ ¿Cuánto quiere?
◇ Deme un kilo, por favor.
◆ ¿Algo más?
◇ No, eso es todo.

Nach dem Preis fragen und antworten 28
◆ ¿Cuánto cuesta el queso?
◇ Un euro con 90 céntimos.
◆ ¿Cuánto es?
◇ Son dos euros con 20.

Im Restaurant bestellen 29
◆ La carta, por favor.
◆ Yo quiero el menú del día.
◆ Para mí, paella.
◆ De primero, una ensalada mixta.
◆ De segundo, filete con patatas fritas.
◆ De postre, un helado.
◆ Para beber, agua mineral.
◆ ¡Camarero! La cuenta, por favor.

Etwas nachbestellen 30
◆ ¿Me trae otro café, por favor?
◆ ¿Me trae otra ración, por favor?
◆ ¿Me trae un poco de sal, por favor?
◆ ¿Me trae un poco más de pan, por favor?

Einen guten Appetit wünschen 31
◆ ¡Que aproveche!
◇ Gracias, igualmente.

Das Essen bewerten 32
◆ ¿Qué tal el pollo?
◇ Muy rico.
◇ Está muy bueno.
◇ Está un poco picante.
◇ Está soso.
◇ Está demasiado salado.
◇ Está caliente.
◇ Está frío.

Essen beschreiben 33
◆ ¿Es carne o pescado?
◆ ¿Lleva ajo?
◆ ¿Se come caliente?

Die Uhrzeit erfragen und angeben 34
◆ ¿Qué hora es?
◇ Es la una.
◆ Perdone, ¿tiene hora?
◇ Son las dos en punto.
◇ Son las dos y cuarto.
◇ Son las dos y media.
◇ Son las tres menos cuarto.

Den Zeitpunkt erfragen und angeben 35
◆ ¿A qué hora desayunas?
◇ A las ocho de la mañana.
◆ ¿A qué hora almuerzas al mediodía?
◇ A las dos de la tarde.
◆ ¿A qué hora cenas?
◇ Entre las nueve y las diez de la noche.

Läden
la carnicería
la charcutería
la frutería
la panadería
la pescadería

Lebensmittel
el producto
el aceite de oliva
el alcohol
el arroz
el azúcar
el bocadillo
la carne
los champiñones
el chocolate
el filete
la fresa
el huevo
el jamón serrano
el limón
la mantequilla
la manzana
el melón
la merluza
la mermelada
el pan
la patata
el pescado
el queso
la sal

- el tomate
- la tostada
- la verdura
- el yogur

Verpackungen

- la bolsa
- la botella
- la lata
- el paquete

Mengenangaben

- un kilo de mandarinas
- medio kilo de tomates
- un kilo y medio de patatas
- cien gramos de queso
- un litro de leche
- una barra de pan

Mahlzeiten

- el desayuno
- la comida
- la cena
- el aperitivo
- las tapas
- las costumbres de comida

Vor- und Hauptspeisen

- los calamares a la romana
- la ensalada mixta
- las gambas a la plancha
- las patatas fritas
- el pollo al ajillo
- la salsa de tomate
- las sardinas fritas
- la sopa
- la tortilla española

Nachspeisen

- el flan
- la fruta del tiempo
- el helado
- la tarta

Getränke

- la bebida
- el agua mineral con o sin gas
- el café solo
- el café con leche
- el cortado
- la cerveza
- la leche
- el té
- el vino blanco
- el vino rosado
- el vino tinto
- el vino de la casa
- el zumo de naranja

Gedeck

- la cuchara
- el cuchillo
- el tenedor
- el plato
- el vaso
- la copa
- la taza
- la servilleta

Aktivitäten

- desayunar
- almorzar
- cenar
- comer
- cortar
- costar
- creer
- ir de bares
- pedir la cuenta
- poder
- preferir
- preguntar
- probar
- querer
- servir para
- tener hambre
- terminar el trabajo
- tomar café
- tomar sopa

Brieffloskeln

- Querida Natalia:
- Hasta pronto.
- Un beso.

Tipp zum Vokabellernen

Wortschatz-Memory

Diese Technik eignet sich vor allem für Lerner mit einem guten Bildgedächtnis.
Fertigen Sie ein Wortschatz-Memory an, bei dem Bilder und Begriffe einander zugeordnet werden müssen. Sie können Bilder aus Zeitschriften herausschneiden oder, noch besser, selbst Zeichnungen anfertigen. Denn was man selbst macht, behält man bekanntlich am besten.

Unidad 5 A

Mengenangaben

- Beachten Sie, dass zwischen Mengenangaben und Produkten immer **de** steht:

1 kg	un kilo ___ patatas	1 l	un litro ___ aceite
100 g	100 gramos ___ jamón	1 ½ l	un litro y medio ___ agua mineral

- Ist Ihnen aufgefallen, dass vor **medio** nie der unbestimmte Artikel steht?

½ kg ~~un~~ **medio** kilo de tomates

Verben der Gruppe e–ie

	querer
yo	___
tú	___
usted, él, ella	___
nosotros/-as	___
vosotros/-as	___
ustedes, ellos, ellas	___

- Bei einigen Verben, wie z. B. **querer**, ändert sich der Stammvokal in den stammbetonten Formen von **e** zu **ie**. Die Endungen sind regelmäßig: **querer** hat dieselben Endungen wie aprender (▶ Unidad 2).
- Alle Verben mit dieser Veränderung des Stammvokals führen im Wörterverzeichnis des Lehr- und Arbeitsbuchs einen Hinweis *(ie)*.

- Übrigens: **Quería** ist eine besonders höfliche Form von **querer**.

¿Cuánto/-a/-os/-as?

- Steht nach dem Fragewort ¿**Cuánto**? *(Wie viel?)* kein Substantiv, ist es unveränderlich:

¿**Cuánt**___ cuestan las mandarinas? ¿**Cuánt**___ es?

- Zur Erinnerung: Bezieht sich ¿**Cuánto**? auf ein Substantiv, stimmt es in Geschlecht und Zahl mit ihm überein:

¿**Cuánt**___ queso quiere? ¿**Cuánt**___ gente vive en Madrid?
¿**Cuánt**___ kilómetros hay? ¿**Cuánt**___ mandarinas quiere?

Das direkte Objektpronomen

- Wenn man ein Objekt gerade erwähnt hat, wiederholt man es nicht, sondern bezieht sich darauf mit den Pronomen **lo**, **la**, **los**, **las**:

Deme	un melón.	¿Cómo	**lo**	quiere?
	una botella de agua.		___	
	un kilo de tomates.		___	
	un kilo de patatas.		___	

	männlich		weiblich	
Singular	____	*ihn, Sie*	____	*sie, Sie*
Plural	____	*sie, Sie*	____	*sie, Sie*

- Das Objektpronomen steht immer direkt ______ dem Verb (auch in verneinten Sätzen):

  ¿Tienes el vino? – No, no **lo** tengo. *Hast du den Wein? – Nein, ich habe ihn nicht.*

- **Lo** kann sich auch auf einen ganzen Satz beziehen:

  ____ siento. *Ich bedaure (es).*

Unidad 5 B

Verben der Gruppe e–ie

	preferir
yo	____________
tú	____________
usted, él, ella	____________
nosotros/-as	____________
vosotros/-as	____________
ustedes, ellos, ellas	____________

- Bei **preferir** ändert sich wie bei **querer** der Stammvokal in den stammbetonten Formen von ___ zu ___. Allerdings hat es natürlich die Endungen eines Verbs auf **-ir** (➤ vivir, Unidad 2).
- Im Wörterverzeichnis des Lehr- und Arbeitsbuchs führen alle Verben mit Veränderung des Stammvokals einen entsprechenden Hinweis, z. B. preferir *(ie)*, pedir *(i)*.

Verben der Gruppe e–i

	pedir
yo	____________
tú	____________
usted, él, ella	____________
nosotros/-as	____________
vosotros/-as	____________
ustedes, ellos, ellas	____________

- Bei einigen Verben auf **-ir** ändert sich der Stammvokal in den stammbetonten Formen von **e** zu **i**. Die Endungen sind regelmäßig.
- Weitere Verben, die genauso konjugiert werden, sind **servir** und **seguir**. Beachten Sie bei **seguir** die Schreibweise der 1. Person Singular, um die Aussprache beizubehalten: **sigo**, sigues, sigue…

Präpositionen

- Beachten Sie die Präpositionen, wenn Sie etwas im Restaurant bestellen möchten:

  de primero, ____ segundo, ____ postre, aber: ____ beber, ____ mí.

- Ist Ihnen aufgefallen, dass man die Zubereitungsart von Speisen mit **a** angibt?

  gambas **al** ajillo, merluza ___ la romana.

  Und die Bestandteile mit **de**?

  sopa ___ tomate, zumo ___ naranja.

Otro / otra

	männlich	weiblich
Singular	**otr**___ café	**otr**___ botella de vino
Plural	**otr**___ dos helados	**otr**___ dos cervezas

- **Otro/-a** bedeutet *ein/e andere/r* oder *noch ein/e.* Durch den Zusammenhang wird klar, um welche Bedeutung es sich jeweils handelt:

  La sopa está fría. ¿Nos trae **otra**? *Die Suppe ist kalt. Bringen Sie uns* ______________?

  El café me gusta. Quiero **otro**. *Der Kaffee schmeckt mir. Ich möchte* ______________.

- Ist Ihnen aufgefallen, dass **otro / otra** ohne unbestimmten Artikel steht?

- Bei nicht zählbaren Dingen verwendet man **un poco más de** *(noch etwas)*:

  ¿Me trae **un poco más de** pan? *Bringen Sie mir* ______________ *Brot?*

Das Essen bewerten mit ‚estar'

- Um das Essen zu bewerten, verwendet man das Verb **estar**:

  Las sardinas ________ muy ricas. *Die Sardinen sind sehr lecker.*

- Sie kennen bereits die Frage ¿**Qué tal**? *(Wie geht's?)*, um sich nach dem Befinden zu erkundigen. Man verwendet sie auch, um sich nach dem Essen zu erkundigen:

  ¿**Qué tal** las sardinas? __________________ *die Sardinen?*

Unidad 5 C

Verben der Gruppe o–ue

- Bei dieser Gruppe von Verben ändert sich der Stammvokal in den stammbetonten Formen von **o** zu **ue**. Die Endungen sind regelmäßig (je nach Infinitivendung **-ar**, **-er** oder **-ir**):

	almorzar	poder
yo	______________	______________
tú	______________	______________
usted, él, ella	______________	______________
nosotros/-as	______________	______________
vosotros/-as	______________	______________
ustedes, ellos/-as	______________	______________

- Die Verben **probar** und **costar** werden genauso konjugiert wie almorzar. **Costar** kommt aber meist nur in der 3. Person vor: **cue**sta, **cue**stan.

- Alle Verben mit dieser Veränderung des Stammvokals führen im Wörterverzeichnis des Lehr- und Arbeitsbuchs einen Hinweis *(ue)*.

Die Uhrzeit

- Nach der Uhrzeit fragt man mit: ¿Qué hora es? / ¿Tiene hora?

- Die Uhrzeit gibt man mit **ser** und dem bestimmten Artikel an. Man verwendet meist nur die Zahlen 1–12 und präzisiert bei Bedarf die Tageszeit mit **de la mañana/tarde/noche**. Bei amtlichen Zeitangaben (z. B. Radioansage, Bahnhof, ...) wird bis 24 gezählt.

- Von der vollen Stunde bis zu einer halben Stunde „nach" wird die Zeit mit ____ addiert; danach werden die Minuten von der folgenden Stunde mit ________ abgezogen:

13.00	________________.		
14.00	Son las dos.		
14.05	Son las dos ________________.	**14.45**	Son las tres ________________.
14.15	Son las dos ________________.	**14.55**	Son las tres ________________.
14.30	Son las dos ________________.	**15.00**	________________ en punto.

- In einigen Ländern Lateinamerikas sagt man zu 14.55 Uhr: Faltan cinco para las tres.

Einen Zeitpunkt angeben

- Einen Zeitpunkt gibt man mit der Präposition **a** an. Die Tageszeit kann mit **de** ergänzt werden:

¿A qué hora desayunas?	– ___ las siete (**de** la mañana).
¿A qué hora almuerzas?	– ___ la una (__ la tarde). **Al** mediodía.
¿A qué hora cenas?	– ___ las diez (__ la noche).

- Wenn man Tageszeiten nicht in Verbindung mit einer Uhrzeit nennt, verwendet man **por**: **Por la mañana** tomo un café.

Der Gebrauch von ‚ser' und ‚estar'

- Im Spanischen gibt es zwei Verben für das deutsche *sein*: **ser** und **estar**.

- Sie haben **ser** kennen gelernt, um den Namen und Beruf, die Herkunft und die Uhrzeit anzugeben. Verallgemeinernd kann man sagen, dass man **ser** für Definitionen verwendet:

  La paella ______ un plato español.

- Sie kennen **estar** bereits, um sich nach dem Befinden zu erkundigen und um anzugeben, wo sich etwas befindet. Man verwendet **estar** auch für die Bewertung konkreter Speisen:

  La paella ______ muy salada.

Das deutsche ‚man'

- Dem deutschen *man* entspricht **se** + 3. Person des Verbs. Folgt ein Substantiv im Plural, so steht (anders als im Deutschen) auch das Verb im Plural:

En España **se** ________ muy tarde.	*In Spanien isst man sehr spät.*
Normalmente **se** ________ dos platos.	*Normalerweise isst man zwei Gänge.*

A. ¿Algo más?

1 **Envases.**
Schreiben Sie zu jedem Produkt die passende(n) Verpackung(en).

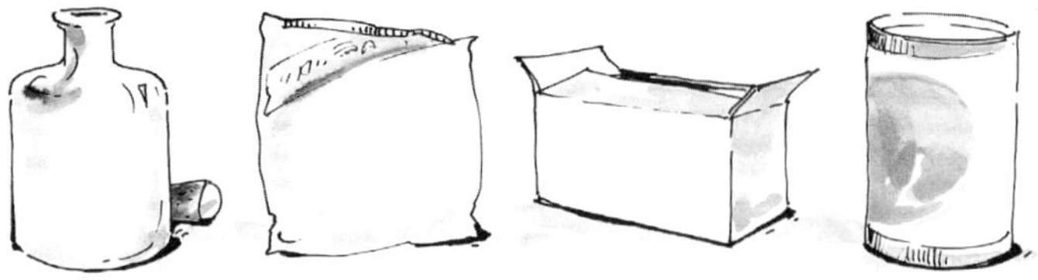

una bolsa de magdalenas	_______ café	_______ mantequilla
_______ agua mineral	_______ patatas	_______ cerveza
_______ sardinas	_______ croquetas	_______ vino

2 **La lista de la compra.**
Schreiben Sie den Einkaufszettel mit den entsprechenden Gewichts- und Mengenangaben.

un kilo de filetes

1 kg 

100 g 

½ l 

2 kg 

250 g 

1,5 kg 

2 barras 

½ kg 

3 **Diálogos en el mercado.**
Ergänzen Sie die Einkaufsdialoge mit den passenden Wörtern.

cuánto cuestan ★ desea ★ cuánto es ★ deme ★ eso es todo ★ cuánto quiere ★ tiene ★ quería

1. ◆ Yo _______ un kilo de patatas.
   ◇ ¿Cómo las quiere?
2. ◆ ¿_______ queso camembert?
   ◇ Sí. ¿_______?
3. ◆ ¿_______ las magdalenas?
   ◇ Medio kilo cuesta dos euros con doce.
4. ◆ ¿Qué _______?
   ◇ _______ 200 gramos de jamón serrano.
5. ◆ ¿Algo más?
   ◇ No, _______.
6. ◆ Aquí tiene los tomates, la col y el melón.
   ◇ Muchas gracias. ¿_______?

4 **¿Cuánto cuesta?**
Wie fragen Sie auf dem Markt, wenn Sie wissen wollen, …

1. … was ein Kilo Tomaten kostet?
2. … was ein halber Liter Olivenöl kostet?
3. … was 100 g Käse kosten?
4. … was 1 Stangenbrot kostet?
5. … was eineinhalb Kilo Mandarinen kosten?
6. … was alles zusammen kostet?

5 **a) Lo, la, los, las.**
Verbinden Sie die zueinander passenden Sätze und achten Sie dabei auf die Pronomen *lo, la, los, las*.

1. ¿Dónde está la leche?
2. Deme medio kilo de café.
3. ¿Quién compra las magdalenas?
4. Deme también medio kilo de tomates.
5. ¿Cuánto cuesta la botella de aceite?
6. ¿Tienes agua mineral?
7. Quería vino de La Rioja.
8. Y el té, ¿cómo lo quieres? ¿Con leche?

a) Las compro yo, si quieres.
b) No, lo quiero con limón, por favor.
c) ¿Lo quiere tinto o blanco?
d) La tengo yo aquí para preparar el café.
e) Sí, toma, aquí la tienes.
f) La pequeña 1,99 € y la de un litro 2,99 €.
g) ¿Los quiere verdes?
h) ¿Cómo lo quiere, en paquete o en lata?

b) Lesen Sie noch einmal die Dialoge und sagen Sie, welche in einem Geschäft und welche zu Hause stattfinden.

6 **¿Dónde los compra?**
Sehen Sie sich noch einmal den Einkaufszettel auf S. 60 an und sagen Sie, wo Sie die Produkte kaufen.

Los filetes lo compro en la carnicería.

7 **Unas recetas.**
Sie möchten ein spanisches Menü für drei Personen zubereiten. In den folgenden Rezepten sind die Mengenangaben allerdings für sechs Personen angegeben. Schreiben Sie auf, was Sie für drei Personen benötigen.

Sopa de ajo

Ingredientes:
1 barra de pan
6 dientes de ajo
6 cucharadas de aceite
2 cucharadas de pimentón*
1½ litro de agua, sal

* Paprikapulver

Flan

Ingredientes:
8 huevos
200 g de azúcar
1 litro de leche
esencia de vainilla

Tortilla de patatas

Ingredientes:
8 huevos
1 kg de patatas
½ litro de aceite
sal

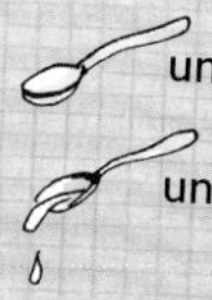
una cuchara
una cucharada de aceite

B. ¿Qué tal el pescado?

1 **El menú. ¿Qué palabra no pertenece al grupo?**
Welches Wort passt nicht in die Reihe?

1. zumo de naranja – vino blanco – cerveza – patatas fritas
2. filete – pescado – sorbete de limón – pollo
3. gazpacho – helado de vainilla – fruta del tiempo – tarta de fresas
4. magdalenas – sardinas – pan – croasanes
5. cuenta – menú – gambas – carta
6. de postre – de primero – sopa de tomate – de segundo

Viele spanische Restaurants bieten ein preisgünstiges Tagesmenü (*menú del día*) an, das aus drei Gängen besteht und meist auch ein Getränk beinhaltet.

Die Ausdrücke *de primero* und *de segundo* benutzt man nur in Spanien, nicht in Lateinamerika.

2 **En el restaurante.**
Im Restaurant. Setzen Sie in diesem Gespräch die Sätze der beiden Gäste an die richtige Stelle.

◆ ______________________
...
◇ ¿Qué desean para beber?
◆ ______________________
❖ ______________________
◇ ¿Qué desean de primero?
◆ ______________________
❖ ______________________
◇ ¿Desea postre, señora?
◆ ______________________
❖ ______________________
...
❖ ______________________

❖ Y para mí un zumo de naranja.
◆ ¡Camarero! La carta, por favor.
◆ Yo quiero una cerveza.
❖ Y yo quiero el menú del día, pero sin postre.
◆ Sí, un sorbete de limón y un cortado.
❖ ¡Camarero! La cuenta, por favor.
◆ Para mí de primero un gazpacho y de segundo filete con patatas fritas.
❖ Yo también quiero un cortado.

3 a) **Los verbos en el diccionario.**
Wie lautet der Infinitiv dieser Verben, unter dem sie auch im Wörterbuch zu finden sind?

compráis ________	quieres ________
comemos ________	sirve ________
prefiero ________	escribe ________
piden ________	ceno ________

b) Schlagen Sie doch einmal in Ihrem Wörterbuch die Verben *sentir* und *servir* nach.
Welchem Konjugationsmuster entsprechen sie?

Lerntipp

Das Wörterbuch kann Ihnen bei der Konjugation der Verben eine Hilfe sein. Es enthält meist Hinweise auf die Konjugation der unregelmäßigen Verben sowie Konjugationsmuster im Anhang.
Auch der Vokabelanhang von *Caminos* enthält Hinweise auf die Konjugationsmuster der Verben, die eine „Unregelmäßigkeit" aufweisen.
So führt z. B. *preferir* den Hinweis (*ie*) und *pedir* den Hinweis (*i*).
Diese Verben ändern in einigen Formen den Vokal von **e** zu **ie** bzw. von **e** zu **i**.

4 Verbos.

Gespräche in einem Internet-Café. Ergänzen Sie die passenden Verbformen und beachten Sie, dass Sie manche Verben mehrmals verwenden können.

querer | pagar | tener | vivir | pedir | escribir | leer | preferir

1. ◆ ¿Qué tal si (nosotros) __________ un 'emilio' a Gustavo?
   ◇ ¡Buena idea! Pero yo no __________ su dirección electrónica. ¿La __________ tú?
2. ◆ ¡Adriana! ¡Pedro! ¿__________ tomar algo más? ¿Un café, un zumo?
   ◇ Sí, para mí un café con leche.
   ❖ Yo __________ un agua con gas.
3. ◆ ¿Tú __________ siempre tu correo electrónico en este café?
   ◇ No, normalmente lo __________ en la biblioteca de la universidad.
4. ◆ Julia, dime, ¿Esteban __________ ahora en Figueras?
   ◇ Sí. Aquí __________ su dirección.
5. ◆ ¡Ya es tarde! ¿Qué tal si (nosotros) __________ la cuenta ahora?
   ◇ Sí, vale. Yo la __________. ¡Camarero!
6. ◆ Hoy __________ yo la cuenta. ¡Y no hay discusiones!
   ◇ De acuerdo, pero mañana __________ Pedro y yo, ¿vale?

In Spanien ist es üblich, dass eine Person am Tisch die Rechnung begleicht und die anderen bei der nächsten Gelegenheit zahlen, oder dass sich alle den Betrag teilen. Das Trinkgeld (*la propina*) lässt man einfach beim Gehen auf dem Tisch liegen.

5 En la mesa.

Ordnen Sie die Gegenstände den Bezeichnungen zu.

- ☐ el vaso
- ☐ la cucharilla
- ☐ la copa
- ☐ el tenedor
- ☐ la cuchara
- ☐ el cuchillo
- ☐ la sal
- ☐ la servilleta
- ☐ el plato

6 Pida más de estas cosas al camarero.

Bestellen Sie diese Dinge beim Kellner nach mit *otro/-a…* und *un poco más de…*

1. Perdón, quería  ________________.
2. Para mí  ________________________, por favor.
3. ¿Me trae  ________________________?
4. ¡Camarero, ________________________ , por favor!
5. Por favor,  ________________________.
6. ¿Me trae ________________________ , por favor?

7 Está muy rico.
Ergänzen Sie die richtige Form der Adjektive.

bueno | frío | salado | soso | rico | picante | caliente

1. La paella me encanta. Está muy _buena_____.
2. El gazpacho no me gusta nada porque es una sopa __________. A mí me gustan sólo las sopas __________.
3. Pues este filete no me gusta. No tiene ni sal ni nada. Está __________.
4. Para mí la comida en México es muy __________ y siempre tengo que tomar mucha agua.
5. ¡Estas manzanas al chocolate están muy __________! Quiero otra porción. ¿Tú también?
6. ¡Puaf! Esta sopa tiene demasiada sal. Está muy __________.

8 Preposiciones.
Ergänzen Sie die passenden Präpositionen und beachten Sie, dass manche mehrmals vorkommen.

a | al | de | para | con | sin | del | por | —

1. ◆ ____ beber quiero vino ____ la casa.
   ◇ Yo también y una botella ____ agua mineral.
2. ◆ ¿Sabe si hay un restaurante ____ aquí?
   ◇ Sí. Hay uno cerca ____ museo.
3. ◆ Para mí, ____ segundo, pollo ____ ajillo.
   ◇ Yo, ____ segundo, merluza ____ la romana.
4. ◆ ¿Desea ____ postre?
   ◇ Sí, tarta ____ fresas y un café ____ leche.
5. ◆ Camarero, ¿me trae un poco más ____ pan?
   ◇ Ahora mismo.
6. ◆ ____ mí agua mineral ____ gas.
   ◇ Para mí ____ gas, por favor.

9 Frases en un restaurante o en el mercado.
Kreuzen Sie an, wer was sagt.

	restaurante camarero/-a	restaurante cliente/-a	mercado vendedor/a	mercado cliente/-a
1. ¿Me trae la carta, por favor?				
2. Deme la lata pequeña.				
3. ¿Qué desean para beber?				
4. Las naranjas, ¿las quiere para zumo?				
5. Hoy pago yo.				
6. ¿Cómo quiere las manzanas?				
7. ¿Cuánto cuesta el kilo?				
8. ¿Desea postre?				

C. Comidas y costumbres

1 **Verbos.**
Ergänzen Sie die Fragen eines Journalisten über die Essgewohnheiten mit folgenden Verben.

desayunar | cenar | tomar | almorzar

1. ¿A qué hora ______________ (vosotros) por la mañana?
2. ¿Qué ______________ (usted) por la mañana?
3. Tú, ¿a qué hora ______________ al mediodía?
4. ¿Qué ______________ usted normalmente al mediodía?
5. ¿Dónde ______________ (vosotros) al mediodía?
6. En tu país, ¿qué ______________ la gente por la tarde?
7. Y por la noche, ¿a qué hora ______________ (ustedes)?
8. ¿Qué ______________ tú por la noche?

2 a) **Verbos.**
Ergänzen Sie diese Verbtabelle und vergleichen Sie anschließend die Konjugationen miteinander. Was fällt Ihnen auf?

	querer	servir	probar
yo			
tú			
usted, él, ella			
nosotros/-as			
vosotros/-as			
ustedes, ellos, ellas			

b) Ergänzen Sie bei diesen Verbformen die fehlenden Vokale.

qu___réis	s___rvo	pr___ba	p___demos
s___nto	p___dís	alm___rzan	p___der
t___nemos	s___guir	c___sta	pref___res

Lerntipp

Sie haben nun drei Verbgruppen mit Vokalwechsel kennen gelernt:
Bei *querer* wird das **e** zu **ie**, bei *servir* das **e** zu **i**, bei *probar* das **o** zu **ue**.
Die Formen von *nosotros/-as* und *vosotros/-as* sind von diesem Vokalwechsel allerdings ausgenommen und regelmäßig.

3 **¿Qué hora es?**
Schreiben Sie die Uhrzeiten auf und ergänzen Sie die Tageszeit.

17:40 06:15 14:50 21:05 08:30 22:45

Son las seis menos veinte de la tarde.

Die amtliche Uhrzeit gibt man folgendermaßen an:
Son las 17 horas (y) 40 (minutos).

4 ¿Qué dice usted…?

Wie sagen Sie auf Spanisch, …

1. … dass Sie um 8.00 Uhr frühstücken?
2. … dass Sie um 10.30 Uhr morgens einen Kaffee trinken?
3. … dass Sie um 13.00 Uhr zu Mittag essen?
4. … dass Sie nachmittags Spanisch lernen?
5. … dass Sie um 19.00 Uhr zu Abend essen?
6. … dass Sie abends ins Kino gehen?

①
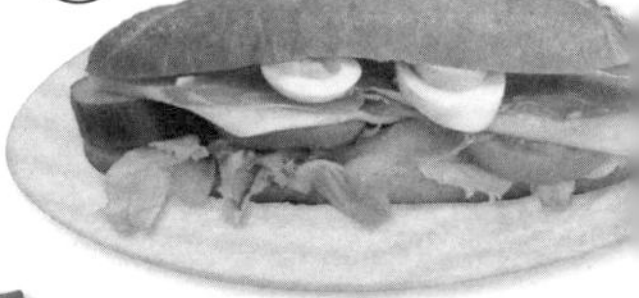
②

④

③

⑥

⑤

5 Tapas.

Ordnen Sie die Beschreibungen den Speisen zu.
Eine Beschreibung fehlt. Können Sie sie ergänzen?

- ☐ Es un producto de leche que viene de La Mancha.
- ☐ Son pescados muy pequeños que se comen fritos.
- ☐ Son pequeñas y rojas y viven en el mar. Fritas en aceite con ajo están muy ricas.
- ☐ Es el plato típico de España que lleva arroz, carne, verdura y pescado.
- ☐ Es pan con jamón o queso o a veces tortilla.
- ☐ ______________________________

6 ¿Cómo es? ¿Qué lleva?

Können Sie die Gerichte mithilfe folgender Tabelle beschreiben?

	se come frío	se come caliente	es carne	es pescado	lleva salsa	lleva ajo	lleva huevo
gazpacho albóndigas con salsa merluza a la romana gambas al ajillo patatas bravas tortilla flan pollo al ajillo							

Man verwendet *estar* für die Bewertung von Essen und *ser* für Definitionen.

7 ¿Ser o estar?

Tragen Sie die passenden Verbformen ein.

1. ◆ ¿Cómo ________ las croquetas?
   ◇ ________ un poco frías.
2. ◆ La tortilla de patatas ________ un plato típico español.
   ◇ Sí, y esta tortilla ________ muy rica.
3. ◆ ¿Las albóndigas ________ de carne?
   ◇ Sí, pero estas ________ de jamón.
4. ◆ Hoy el pollo al ajillo ________ muy picante.
   ◇ ¿Sí? Pero normalmente no ________ picante.

8 ¿Cómo se dice?

Wie sagt man auf Deutsch bzw. Spanisch?

1. En España se bebe zumo de naranja para desayunar. ______________________
2. En Guatemala se hablan muchas lenguas. ______________________
3. En los pueblos pequeños se vive sin estrés. ______________________
4. In Mexiko isst man scharfe Speisen. ______________________
5. *Ajo* schreibt man mit *J*. ______________________
6. In Lateinamerika werden Tortillas aus Mais gemacht. ______________________

9 ¿Qué situación es?

Markieren Sie die jeweilige Situation, in der die Sätze geäußert werden.

1. Mucho gusto.
   a) Usted se presenta.
   b) Usted habla de sus gustos.
   c) Usted habla de la comida.

2. ¡Está muy rico!
   a) Usted habla de un banco.
   b) Usted habla de la comida.
   c) Usted habla de una persona.

3. Es la una.
   a) Usted habla de una cerveza.
   b) Usted dice la hora.
   c) Usted habla del horario de un banco.

4. ¿Qué tal la sopa?
   a) Usted pregunta por una persona.
   b) Usted pide una comida.
   c) Usted pregunta por una comida.

5. A las dos y media.
   a) Usted dice la hora de la comida.
   b) Usted dice cuántos años tiene.
   c) Usted dice cuántas naranjas compra.

6. ¿Me trae un poco de sal?
   a) Usted pide sal en una tienda.
   b) Usted pide sal en un restaurante.
   c) Usted pide sal a otra persona de la mesa.

Rincón profesional

a) Cena de trabajo.

Leticia Ortiz von der Firma Tarpil S.A. hat für morgen Abend folgende Geschäftspartner zum Essen eingeladen. Lesen Sie deren Vorlieben und wählen Sie das passende Restaurant aus.

Empresa Tarpil S.A.
Leticia Ortiz
c/Tejada, 255
28010 Madrid
Tel. 91 364 23 84
e-mail: lortiz@tarpil.net

Pablo López
Prefiere la comida vegetariana.

María José Gutiérrez
Le gusta un lugar sencillo.

Daniel Zurbarán
Le gusta la comida tradicional española.

Rosa Nieto
Prefiere un lugar en el centro.

Centro Portal
Comida mexicana con decoración y música típica. Muy buen servicio al cliente.

Viridiana
Cocina internacional muy variada en un ambiente moderno y muy elegante. A 5 km de la ciudad. Reservar.

Casa Hortensia
Cocina española en un ambiente agradable. Muchos platos especiales para vegetarianos. Con jardín y terraza en el centro de la ciudad.

b) Ergänzen Sie nun folgendes Telefongespräch, in dem Leticia Ortiz im Restaurant ihrer Wahl für 20 Uhr einen Tisch für fünf Personen reserviert.
Nehmen Sie dafür auch die Visitenkarte auf der vorigen Seite zu Hilfe.

◆ Restaurante ____________, buenas tardes.
◇ Buenas tardes. Quería reservar una mesa para mañana.
◆ ¿Para cuántas personas?
◇ Para ____________.
◆ ¿A qué hora?
◇ A ____________.
◆ ¿A nombre de quién?
◇ A nombre de ____________ de la empresa ____________.
◆ Muy bien. ¿Cuál es su número de teléfono?
◇ Es el ____________.
◆ Muy bien. De acuerdo.
◇ Adiós.

Rincón de lectura

a) Consejos para ir de tapas.
Lesen Sie diese Ratschläge, um Tapas essen zu gehen.

1 El número ideal de personas para ir de tapas es de cuatro. Pueden ser como mínimo tres y como máximo seis.

2 El "tapeo" se hace de pie, en la barra de un bar.

3 No se consumen más de dos o tres tapas en un bar. Hay que visitar diferentes bares.

4 Hay que saber combinar unas tapas con otras. Pero no es bueno tomar tapas muy diferentes.

5 Tampoco es bueno mezclar las bebidas: hay que pedir una ronda de cerveza o una ronda de vino.

6 Cada persona paga una ronda de tapas.

7 Las tapas son para pasar momentos agradables. No se habla de problemas.

8 La hora ideal es desde el aperitivo hasta el almuerzo, o desde las ocho de la tarde hasta la cena.

b) Lesen Sie nun folgende Situationsbeschreibungen und entscheiden Sie, ob die Verhaltensweisen den Ratschlägen entsprechen.

Situación 1: Usted va de tapas con dos amigos. Quiere comentarles sus problemas en la oficina.
Situación 2: Usted va de tapas con tres amigos. Uno de ellos paga todas las rondas.
Situación 3: Usted va con sus amigos al bar "Pepe", luego al bar "Campillo" y luego al bar "La Siesta".
Situación 4: En el bar "Pepe" piden dos rondas de tapas. Todos toman cerveza o vino.

Caminos Online

Recetas españolas y latinoamericanas.

Unidad 6

De compras

Lernwortschatz

Lerngrammatik

A Vamos de tiendas
1. Die Abteilungen und Stockwerke eines Kaufhauses
2. Kleidungsstücke
3. Die Farben
4. Farbadjektive
5. Kleidung, Material und Farbe
6. Die Wochentage und das Verb *ir*
7. Geschäfte und Besorgungen
8. Der Gebrauch von *muy* und *mucho/-a/-os/-as*
9. Typische Fehler deutschsprachiger Lerner

B Me queda bien
1. Einkaufsdialog
2. Die Demonstrativpronomen *este/-a* und *ese/-a*
3. Fragen und Antworten im Geschäft
4. Die Kleidung von Personen beschreiben
5. Kleidung bewerten
6. Die indirekten Objektpronomen
7. Die indirekten Objektpronomen
8. Dolmetschübung: Kleidung kaufen

C Consumo y costumbres
1. Gebrauch der Präpositionen
2. Beschreibung internationaler Unternehmen
3. Vergleiche mit *más / menos que* und *tan / tanto/-a como*
4. Vergleiche
5. Beschreibung von Geschäften
6. Zustimmung und Widerspruch: *A mí también / tampoco. Yo sí / no.*
7. Direkte und indirekte Objektpronomen
8. Fragen und Antworten beim Kleidungskauf

Eine Stellenanzeige
Fairer Handel

Im Geschäft einen Wunsch äußern 36
- ◆ ¿Qué desea?
- ◇ Quería una blusa.
- ◇ Quería ver las gafas del escaparate.
- ◇ Quería cambiar este vídeo.
- ◇ Sólo quería mirar.
- ◇ ¿Tienen pilas para esta cámara?

Kleidung auswählen 37
- ◆ ¿De qué color quiere la falda?
- ◇ Azul.
- ◆ ¿Qué talla tiene?
- ◇ La 42.
- ◆ ¿Qué número calza?
- ◇ El 39.

Kleidung bewerten 38
- ◆ ¿Qué le parece este jersey?
- ◇ No sé, quizá es un poco clásico.
- ◇ Lo quiero más moderno.
- ◇ ¿No lo tiene en otro color?
- ◇ ¿No tiene una talla más grande?

Kleidung anprobieren 39
- ◆ ¿Dónde están los probadores?
- ◇ Aquí mismo.
- ◆ ¿Qué tal le queda la camiseta?
- ◇ Me queda bien.
- ◇ Me queda mal.

Kleidung kaufen 40
- ◆ Me lo llevo.
- ◇ ¿Paga en efectivo?
- ◆ No, con tarjeta de crédito.

Vergleichen 41

México es más grande que Madrid.
Barcelona no es tan grande como Madrid.
Tokio es la ciudad más grande del mundo.
El vestido cuesta más que la falda.
La camisa cuesta menos que la blusa.
La corbata azul cuesta tanto como la negra.
Este traje cuesta más.

Zustimmung und Widerspruch äußern 42
- ◆ Yo viajo mucho.
- ◇ Yo también.
- ◇ Yo no.
- ◆ A mí no me gustan los vaqueros.
- ◇ A mí tampoco.
- ◇ A mí sí.

Öffnungszeiten erfragen und angeben 43
- ◆ ¿A qué hora abre el banco?
- ◇ A las ocho.
- ◆ ¿A qué hora cierra por la tarde?
- ◇ A las dos.

Läden

la cafetería
el estanco
la librería
la peluquería
la perfumería
el quiosco
la tienda de modas
la zapatería

Im Kaufhaus

el centro comercial
los grandes almacenes
el horario comercial
la planta baja
la primera planta
la sección
la caja
los servicios

Kleidung

la ropa
el abrigo
la blusa
la camisa
la camiseta
la chaqueta
la corbata
la falda
el jersey
los pantalones
el pañuelo
el sombrero
el traje
los vaqueros
el vestido
los zapatos

Material

el algodón
el cuero
la lana
la seda

Farben
el color
amarillo
azul
blanco
gris
marrón
naranja
negro
rojo
rosa
verde
violeta

Muster
a cuadros
a rayas

Produkte
el bolígrafo
el bolso
la cámara
el cedé = CD
el cigarrillo
las gafas de sol
el juego
el libro
el perfume
la pila
el regalo
el sello
el tabaco
la tarjeta postal
la tarjeta de teléfono

Unternehmen
la central
la marca
el éxito
el catálogo
la publicidad
la oferta
el consumo

Die Wochentage
el lunes
el martes
el miércoles
el jueves
el viernes
el sábado
el domingo
los domingos

Personen
el cliente
el director
el hombre
la mujer
el niño

Adjektive
abierto / cerrado
ancho / estrecho
barato / caro
corto / largo
cómodo
exclusivo
flexible
formal
fresco
nuevo
original
práctico
rápido
rebajado
variado

Aktivitäten
abrir / cerrar
cambiar un libro
comprar
fabricar
fumar
gastar dinero
ir de compras
leer
llevar ropa
mirar
necesitar
pagar
regalar
vender
ver

Tipp zum Vokabellernen

Farbassoziationen
Es ist bekannt, dass Farbassoziationen unser Gedächtnis unterstützen und das Erinnern verstärken, z. B. negro como la noche, amarillo como un limón.

Wie viele Wörter dieser Lektion können Sie mit Farben assoziieren?

Unidad 6 A

Material und Muster

- Das Material wird mit **de** angegeben, das Muster mit **a**:

una blusa ____ seda	*aus Seide*	una camisa ____ rayas	*gestreift*
una chaqueta ____ lana	*aus Wolle*	un jersey ____ cuadros	*kariert*
una falda ____ algodón	*aus Baumwolle*		
unos zapatos ____ cuero	*aus Leder*		

Farbadjektive

- Die meisten Farbadjektive richten sich wie andere Adjektive in Geschlecht und Zahl nach dem Substantiv, auf das sie sich beziehen:

	männlich		weiblich	
Singular		roj___		roj___
	un vestido	verde	una falda	verde
		azul		azul
Plural		roj___		roj___
	vaqueros	verde___	gafas	verde___
		azul___		azul___

- ojo Die Farben **rosa**, **naranja**, **violeta** sind ursprünglich Substantive *(Rose, Orange, Veilchen)* und daher unveränderlich:

  un jersey ros___, pantalones naranj___.

- Ist Ihnen aufgefallen, dass **vaqueros**, **pantalones** und **gafas** im Spanischen im Plural stehen?

Muy – mucho

- Als Adjektiv ist **mucho** *(viel/e)* veränderlich und richtet sich nach dem zugehörigen Substantiv:

  En el centro hay __________ tráfico.
  Tengo __________ ropa.
  Hay __________ centros comerciales.
  Siempre hay __________ ofertas.

- Als Adverb ist **mucho** *(sehr, viel, oft)* unveränderlich und steht bei Verben oder allein:

  La corbata me gusta **mucho**. *(sehr)*
  Teresa trabaja **mucho**. *(________)*
  Vamos **mucho** al teatro. *(________)*

- **Muy** *(________)* ist Adverb und steht vor Adjektiven oder Adverbien:

  Tengo un jersey **muy** cómodo.
  En España se come **muy** tarde.

Unidad 6 B

Wochentage

- Die Wochentage stehen mit Artikel im Singular bei einem einmaligen Ereignis:

  ______________ vamos al teatro. *(am Samstag)*

  Bei einem sich wiederholenden Ereignis stehen sie mit Artikel im Plural:

  ______________ vamos al cine. *(sonntags)*

- Beachten Sie: Wörter auf **-s** nach unbetontem Vokal bleiben im Plural unverändert:

  el lunes – los ________; aber: el autobús – los autobuses.

Das Demonstrativpronomen

- Die Demonstrativpronomen richten sich in Geschlecht und Zahl nach dem Substantiv, auf das sie sich beziehen:

	diese/r/s hier		*der/die/das da*	
	männlich	weiblich	männlich	weiblich
Singular	**este** jersey	______ falda	**ese** jersey	______ falda
Plural	______ jerseys	______ faldas	______ jerseys	______ faldas

- Man verwendet **este/-a/-os/-as** für Dinge in unmittelbarer Nähe des ______________.
- Man verwendet **ese/-a/-os/-as** für etwas weiter entfernte oder in der Nähe des ______________ befindliche Dinge.
- Die Demonstrativpronomen können mit einem Substantiv stehen oder ein Substantiv ersetzen. In diesem Fall können sie mit oder ohne Akzent geschrieben werden: **Ésta / Esta** es la nueva secretaria.
- **Esto, eso** *(______)* beziehen sich auf etwas, das nicht konkret benannt wird, und sind unveränderlich: ¿Qué es **esto**? **Eso** es todo.

Kleidung bewerten

- Beachten Sie, dass sich die Adjektive in Geschlecht und Zahl nach dem Substantiv richten, auf das sie sich beziehen.
- ojo Bien *(gut)* und mal *(schlecht)* sind Adverbien, also unveränderlich.

El jersey Esta blusa	me queda	bien ____________	↔ ____________. ↔ corto/-a/-os/-as.
Los pantalones Las gafas	me quedan	grande/s ____________	↔ ____________. ↔ estrecho/-a/-os/-as.

Das indirekte Objektpronomen (Dativ)

- Das indirekte Objektpronomen ersetzt ein Objekt im Dativ:
  ¿**Me** trae otra cerveza, por favor? ¿**Te** gusta el cine?
  Mañana es el cumpleaños de Marta. ¿Qué **le** regalamos?

betont	unbetont		
A mí	______	*mir*	
A ti	______	*dir*	
A usted, él, ella	______	*Ihnen, ihm, ihr*	gusta el jersey.
A nosotros/-as	______	*uns*	regala(n) un CD.
A vosotros/-as	______	*euch*	
A ustedes, ellos, ellas	______	*Ihnen, ihnen*	

- Die betonten Pronomen können zusätzlich zu den unbetonten verwendet werden, um Missverständnisse zu vermeiden oder die Person besonders hervorzuheben:
  Me gusta el tenis. — *Mir gefällt Tennis.*
  A mí me gusta el tenis, pero **a ti** no. — *Mir gefällt Tennis, aber dir nicht.*

- Ein betontes Pronomen kann aber ein unbetontes nicht ersetzen:
  ~~**A mí**~~ gusta el tenis.

- Geht das Objekt dem Verb voran, wird es durch ein Pronomen wieder aufgegriffen:
  A Marta le gusta leer. — *Marta liest gerne.*
  A Javier ____ gusta el jazz. — *Javier gefällt Jazz.*

- Steht das Objekt hinter dem Verb, wird es häufig durch ein vorausgehendes Pronomen angekündigt:
  ¿Qué ____ regalamos **a Marta y a Javier**? — *Was schenken wir Marta und Javier?*

- Ist kein Verb im Satz, können die betonten Pronomen allein stehen:
  A ella un libro y ______ un CD. — *Ihr ein Buch und ihm eine CD.*

- Die Objektpronomen stehen immer direkt vor dem Verb (auch in verneinten Sätzen):
  Este jersey no **me** queda bien. — *Dieser Pullover passt mir nicht (gut).*

- Beachten Sie: **interesar** steht im Spanischen mit dem Dativ:
  Le interesa el fútbol? — *Interessiert Sie Fußball?*

Unidad 6C

Die Steigerung mit ‚más'

Sevilla es grande. — *(groß)*
Barcelona es **más** grande que Sevilla. — *(größer)*
Madrid es la ciudad _____ grande de España. — *(die größte)*

El Seat cuesta mucho. — *(viel)*
El BMW cuesta _____ que el Seat. — *(mehr)*
El Ferrari es el (coche) que cuesta _____ (de todos). — *(am meisten)*

Der Vergleich

Komparativ bei Verschiedenheit: más / menos que *(mehr/weniger als)*

- Man verwendet **más / menos que** mit Adjektiven, Substantiven und Verben:

Sevilla es _____ grande _____ Córdoba. — *Sevilla ist größer als Córdoba.*
Córdoba tiene _____ habitantes _____ Sevilla. — *Córdoba hat weniger Einwohner als Sevilla.*
La falda verde cuesta __________ la roja. — *Der grüne Rock kostet mehr als der rote.*

- ojo In Verbindung mit Zahlen und Mengen verwendet man **más / menos de**:

Esta falda cuesta **más de** 100 euros. — *Dieser Rock kostet mehr als 100 Euro.*

Komparativ bei Gleichheit: tan / tanto como *(genauso (viel) wie)*

- Vor Adjektiven steht **tan**:

La falda azul es _____ bonita _____ la roja. — *Der blaue Rock ist so schön wie der rote.*

- In Verbindung mit dem Verb steht **tanto** und ist unveränderlich:

Y también cuesta __________ la roja. — *Und er kostet auch so viel wie der rote.*

- Vor Substantiven ist **tanto/-a/-os/-as** veränderlich:

Casares no tiene _____ tráfico _____ Marbella. — *Casares hat nicht so viel Verkehr wie Marbella.*
Y no tiene _____ contaminación. — *Und es hat nicht so viel Umweltverschmutzung.*

Superlativ: (el / la) más / menos *(am meisten / wenigsten)*

- In Verbindung mit Adjektiven steht **más / menos** wie im Deutschen mit Artikel:

La falda gris es _______ bonita (de todas). — *Der graue Rock ist der schönste (von allen).*
Y es _________ cara. — *Und er ist der am wenigsten teure.*

- In Verbindung mit Substantiven und Verben steht wie im Deutschen kein Artikel:

Pepe es el que tiene _____ dinero de todos. — *Pepe hat am meisten Geld von allen.*
Es el chico que trabaja _____. — *Er ist der Junge, der am meisten arbeitet.*

Der Gebrauch von ‚también – tampoco'

		Zustimmung	Widerspruch
positive Aussage	◆ Trabajo mucho. *Ich arbeite viel.*	◇ Yo también. *Ich auch.*	❖ _________. *Ich nicht.*
negative Aussage	◆ No bebo café. *Ich trinke keinen Kaffee.*	◇ _________. *Ich auch nicht.*	❖ _________. *Ich wohl/schon.*

positive Aussage	◆ Me gusta la ópera. *Mir gefällt die Oper.*	◇ _________. *Mir auch.*	❖ _________. *Mir nicht.*
negative Aussage	◆ No me gusta el jazz. *Mir gefällt kein Jazz.*	◇ _________. *Mir auch nicht.*	❖ _________. *Mir wohl/schon.*

A. Vamos de tiendas

1

En el centro comercial.
Erklären Sie, in welchem Geschäft man die folgenden Produkte kaufen kann.

1. perfume *El perfume lo puede comprar en la perfumería, en la tercera planta.*
2. zapatos ______________________________
3. aspirinas ______________________________
4. un billete de avión ______________________________
5. un CD ______________________________
6. una bolsa de deporte ______________________________

Centro Comercial Arenales

Plantas	Secciones
4ª Planta	Cafetería Restaurante Regalos
3ª Planta	Librería Perfumería y Cosmética Peluquería
2ª Planta	Electrodomésticos Radio-TV Música Informática
1ª Planta	Moda niños señoras caballeros Zapatería Deportes
Planta Baja	Supermercado Agencia de viajes Farmacia

2

La ropa.
Wenn Sie dieses Kreuzworträtsel lösen, ergibt sich als Lösungswort der Gegenstand, in dem man Kleidung aufbewahrt.

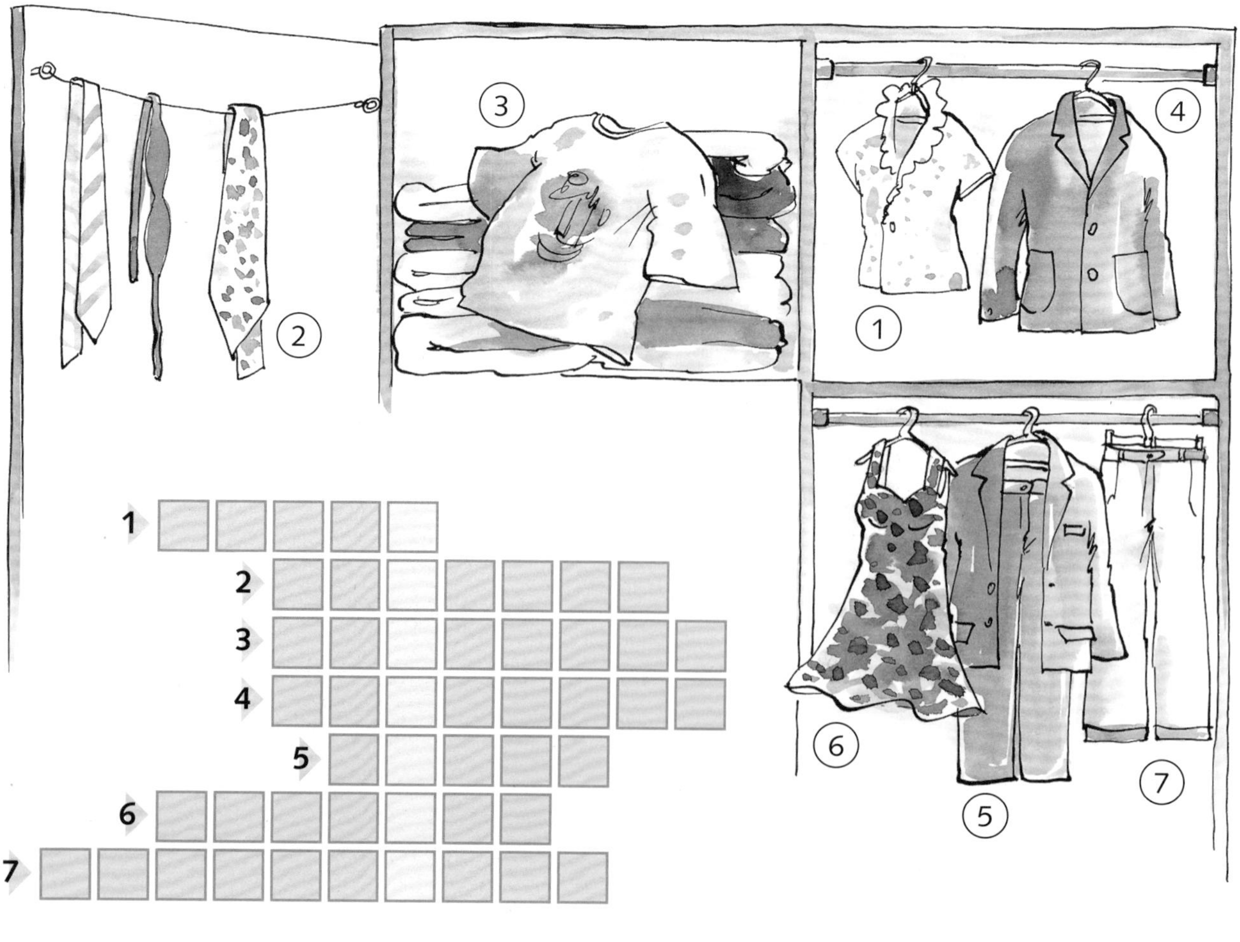

3 **Los colores.**
Welche Farben ergeben sich aus diesen Mischungen?

1. rojo + ____________ = naranja
2. blanco + ____________ = gris
3. ____________ + blanco = rosa
4. rojo + ____________ = violeta
5. azul + amarillo = ____________
6. verde + ____________ = turquesa

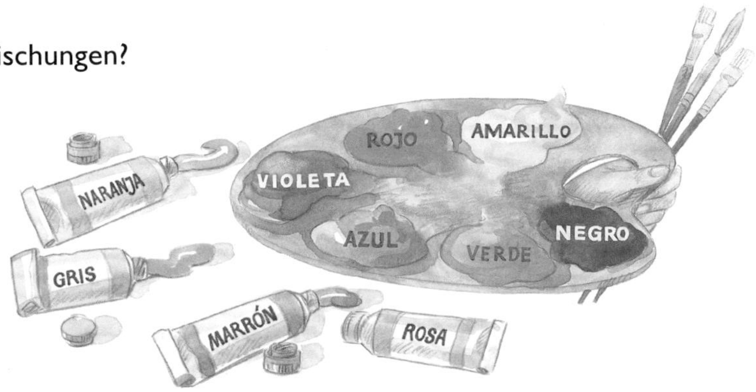

4 **¿De qué color son?**
Welche Farben haben diese Dinge? Notieren Sie die Farbadjektive und beachten Sie, dass diese veränderlich sind.

1. La sal es ____________ .
2. La sangría es ____________ .
3. El chocolate es ____________ .
4. Las manzanas son ____________ .
5. Los espaguetis son ____________ .
6. Las mandarinas son ____________ .
7. Los vaqueros son ____________ .
8. Las fresas son ____________ .

5 **La ropa, su material y su color.**
Notieren Sie die Kleidungsstücke mit der entsprechenden Farbe und dem Material.

una camisa a rayas de algodón

In Lateinamerika heißen einige Kleidungsstücke anders als in Spanien. So heißt z. B. ein Rock in Spanien *falda* und in Argentinien *pollera*.
Ein Pullover heißt in Spanien *jersey*, in Argentinien *pulóver*, in Mexiko *suéter* und in Peru *chompa*.

6 Hoy es lunes, 9 de agosto.

Heute ist Montag, der 9. August. Ergänzen Sie die Wochentage und die Verbformen von *ir*.

1. Kathrin ___*va*___ a París en dos días, el ___*miércoles*___ 11 de agosto.
2. Jens y tú __________ a Amsterdam un día después, el __________ 12 de agosto, ¿verdad?
3. Daniel y Natascha __________ a Lisboa el __________ 13 de agosto.
4. Yo __________ a Berlín mañana, el __________ 10.
5. El profesor de español __________ a Lucerna el __________ 14.
6. Simon, ¿tú __________ a Madrid el __________ 15 con Silvia, ¿verdad?
7. Y todos estamos otra vez aquí el __________ 16 de agosto para nuestra primera clase de español.

7 Tiendas.

An welchem Ort erledigen Sie folgende Angelegenheiten?

banco | bar | Correos | restaurante | estanco | quiosco

panadería | librería | tienda de modas | perfumería

1. Enviar un paquete: __________
2. Comprar crema y un perfume: __________
3. Comprar pan: __________
4. Comer con los clientes: __________
5. Comprar el periódico y una revista: __________
6. Comer tapas: __________
7. Cambiar dólares: __________
8. Comprar un libro español: __________
9. Comprar un pañuelo de algodón: __________
10. Comprar sellos: __________

8 ¿Muy o mucho/-a/-os/-as?

Ergänzen Sie die Sätze mit den passenden Wörtern.

1. Esta sopa lleva __________ sal.
2. Los tomates me gustan __________, especialmente en ensalada.
3. El kilo de filete cuesta __________, pero aquí tienen __________ buena carne.
4. Yo preparo unas tartas __________ buenas.
5. Esta tarta está __________ rica, pero a mis hijos no les gusta __________.
6. Siempre compro __________ naranjas para preparar zumo.
7. Tú comes __________ al mediodía y luego por la noche cenas __________ poco. ¿Por qué?
8. __________ españoles comen en casa al mediodía.

9 **La palabra correcta.**
Diese Sätze enthalten einige Fehler. Ersetzen Sie die fett gedruckten Wörter durch die richtigen Wörter auf der rechten Seite.

1. La ciudad me gusta **muy**.
2. Las tiendas abren a las nueve **por** la mañana.
3. En los pueblos las tiendas cierran entre **las** una y las tres de la tarde.
4. Los horarios comerciales en la ciudad son **mucho** diferentes.
5. Para ir al centro comercial tiene que **girar** todo recto.
6. A la gente **se** gusta comprar en los centros comerciales.
7. Las zapaterías cierran a las siete de la **noche**.
8. Quiero comprarme una blusa **en** rayas.
9. En esta tienda no hay bolsos **marrón**.
10. A mí no me **gusto** la ropa de cuero.

a) muy
b) la
c) gusta
d) a
e) tarde
f) marrones
g) de
h) le
i) mucho
j) seguir

B. Me queda bien

1 **En la tienda de modas.**
Ordnen Sie diesen Dialog in einem Modegeschäft.

☐ ◆ ¿Qué talla necesita?
☐ ◆ Muy bien, de acuerdo.
☐ ◆ Buenas tardes, ¿qué desea?
☐ ◆ ¿Y de qué color lo quiere?
☐ ◆ ¿Qué le parece este?
☐ ◆ Aquí, al lado de la caja.
☐ ◆ Cuarenta euros.

☐ ◇ Quería un jersey.
☐ ◇ Beige.
☐ ◇ Me queda muy bien. ¿Cuánto cuesta?
☐ ◇ Sí, es muy bonito. ¿Dónde están los probadores?
☐ ◇ La cuarenta, creo.
☐ ◇ Me lo llevo. Pago con tarjeta de crédito.

2 **Este/-a y ese/-a.**
Ergänzen Sie die fehlenden Demonstrativpronomen.

1. ◆ ________ libro me gusta mucho.
2. ◆ ________ chico es un idiota. No me gusta jugar con él.
3. ◆ Adrián, ________ silla no es cómoda. ¿Por qué no tomas ________?
4. ◆ ________ fotos son de mi excursión a la montaña. ¿Las quieres ver?

3 En una tienda.

Verbinden Sie die passenden Fragen und Antworten.

1. ¿Tiene camisas de seda?
2. Quería ver las sandalias del escaparate.
3. ¿Tiene este pañuelo en otro color?
4. ¿Dónde están los probadores?
5. ¿Tiene pilas para esta cámara?
6. Quería cambiar estas gafas.

a) Sí, lo tenemos también en verde.
b) Sí, claro. ¿Tiene el ticket de compra?
c) Sí. ¿Qué talla necesita?
d) ¿Qué número calza?
e) Sí, ¿cuántas necesita?
f) Ahí, a la derecha, al lado de la caja.

Kleidungsgröße: ◆ ¿Qué talla tiene?
◇ La 42.
Schuhgröße: ◆ ¿Qué número calza?
◇ El 39.

4 Los gustos de las personas.

Ordnen Sie die Beschreibungen den Personen zu.
Für eine Person gibt es keine Beschreibung.
Können Sie sie ergänzen?

a) Lleva siempre ropa muy especial. Hoy lleva una falda corta negra, una camiseta corta y botas.

b) Le gusta la ropa elegante pero cómoda. Hoy lleva chaqueta y pantalones a cuadros, un pañuelo de seda y zapatos negros.

c) Usa siempre ropa deportiva. Hoy lleva vaqueros, una camiseta a rayas y zapatillas de tenis.

d) ______________________________

____

5 El contrario.

Ergänzen Sie in den Sätzen das Gegenteil der fett gedruckten Wörter.

1. ◆ Esta falda me queda un poco **larga**.
   ◇ Pero te queda mejor que la __________.
2. ◆ Esa blusa te queda **bien**.
   ◇ ¡Qué va! Me queda __________.
3. ◆ Estos pantalones negros son muy **anchos**.
   ◇ Sí, sí, le busco unos más __________.
4. ◆ Ese jersey es muy **grande**.
   ◇ Mira este. Es más __________.
5. ◆ La ropa deportiva me queda **mal**.
   ◇ A mí me parece que te queda __________.
6. ◆ Este vestido es muy **estrecho**, ¿verdad?
   ◇ Sí, pero este otro es muy __________.

6 Los pronombres.

Verbinden Sie die zueinander passenden Satzhälften.

A mí
A ti
A la señora Molina
A Jorge y a mí
A vosotros
A Cristina y a Maite

nos parece bien ir hoy de excursión.
le queda muy estrecha la falda.
no me queda bien la ropa deportiva.
les regalamos dos botellas de cava.
te gusta mucho la televisión, ¿no?
no os gusta la película, ¿verdad?

7 Un regalo para la profesora de español.

Ergänzen Sie die fehlenden Pronomen.

Lukas: Katja, queremos regalar____ algo bonito a la profesora. A ____, ¿qué ____ parece?

Katja: ¡Sí, claro! Estoy de acuerdo. ¿Pero qué podemos regalar____? ¿Un perfume?

Lukas: ____ parece un regalo muy personal. ¿Sabes qué perfume ____ gusta? A Marie y a Sascha ____ parece buena idea regalar____ un CD de Paco de Lucía, pero al resto de la clase ____ parece muy poco.

Marie: Y a vosotros, ¿qué ____ parece si ____ regalamos el CD y un bolígrafo bueno?

Katja: ¡Buena idea! ____ parece bien.

Marie: Entonces yo ____ pregunto a Brigitte y a Alex si ____ gusta la idea también, ¿vale?

Lukas: Y yo ____ escribo un correo electrónico a Sandra.

Marie: ¡Perfecto!

8 ¿Qué dice usted...?

Was sagen Sie auf Spanisch, ...

1. ... wenn Sie in einem Geschäft ein Seidentuch kaufen möchten?
2. ... wenn Sie wissen wollen, ob diese Jacke aus Wolle ist?
3. ... wenn Ihnen der Rock zu eng ist?
4. ... wenn Sie das Hemd in einer anderen Farbe möchten?
5. ... wenn Sie sagen wollen, dass Ihnen das Kleid passt?
6. ... wenn die Kamera nicht funktioniert und Sie sie umtauschen möchten?
7. ... wenn Sie sich im Geschäft nur umsehen möchten?
8. ... wenn Sie den rosa Pullover aus dem Schaufenster sehen möchten?

C. Consumo y costumbres

1 La empresa Zara.

Ergänzen Sie in diesen Sätzen die Präpositionen.
Eine der Aussagen über die Firma Zara ist falsch. Welche?

1. La empresa española Zara tiene tiendas sólo ____ España.
2. Las tiendas están ____ lugares especiales ____ muchas ciudades del mundo.
3. Los escaparates ____ la empresa son similares ____ todo el mundo.
4. Zara no gasta tanto ____ publicidad como otras empresas ____ moda.
5. Zara tiene una respuesta rápida ____ los deseos ____ los clientes.
6. Los diseños se buscan ____ los desfiles ____ moda internacionales.

2 **Empresas en el mundo.**
Ordnen Sie die Beschreibungen den internationalen Unternehmen zu.
Eine Beschreibung fehlt. Können Sie sie ergänzen?

____

____

____

____

swatch UNITED COLORS OF BENETTON. Mercedes-Benz BOSS HUGO BOSS NIVEA adidas

1 Esta empresa italiana vende ropa moderna e informal.
2 Esta empresa vende productos de cosmética para toda la familia.
3 Es una empresa alemana que vende ropa y otros productos, por ejemplo perfumes.
4 Es una empresa que vende todo tipo de artículos de deporte.
5 Es una empresa que produce relojes de muchos colores.

3 **Comparaciones.**
Ergänzen Sie in diesen Sätzen *más / menos... que* oder *tan / tanto/-a... como.*

1. La maleta gris es _________ pequeña _________ la maleta negra.
2. La maleta blanca cuesta _____________ la maleta gris.
3. La maleta gris cuesta _____________ la maleta negra.
4. La maleta blanca no es _________ grande _________ la gris.
5. La maleta negra es la _________ grande de todas.

4 **Si comparamos...**
Ergänzen Sie in diesen Sätzen *más / menos... que* oder *tan / tanto/-a... como.*

1. México, D.F. tiene _________ habitantes _________ Quito.
2. Los españoles beben _________ cerveza _________ los alemanes.
3. En España no se usa _________ la bicicleta _________ en Holanda.
4. Los Alpes no son _________ altos _________ los Andes.
5. Uruguay no tiene _________ habitantes _________ Estados Unidos.
6. Alemania produce _________ vino ______ Francia.
7. El Amazonas es el río _________ largo de Latinoamérica.
8. El chino es la lengua _________ hablada del mundo.

5 **¿Qué tiendas son?**
Ordnen Sie die Definitionen den Geschäften zu. Eine Definition fehlt. Können Sie sie ergänzen?

- ☐ mercado
- ☐ supermercado
- ☐ centro comercial
- ☐ tienda biológica
- ☐ tienda de segunda mano
- ☐ tienda virtual
- ☐ empresa de venta por catálogo

1 En esta tienda se venden artículos que no son nuevos.
2 Es un lugar público donde se venden verduras, carnes, quesos, flores, etc., todos los días o días especiales.
3 Es un complejo de muchos negocios: tiendas de modas, supermercados, bares y restaurantes.
4 Es una empresa que vende sus artículos sólo en Internet.
5 Es una empresa que ofrece sus artículos sólo en publicaciones especiales.
6 En esta tienda se venden artículos de producción natural que no llevan productos químicos.
7

6 A mí también / tampoco.

Notieren Sie, wie zwei Personen auf folgende Äußerungen reagieren.

1. A mí me gustan mucho las corbatas.	☺ *A mí también.*	☹ *A mí no.*
2. No compro nunca por internet.	☺ *Yo sí.*	☹
3. Yo viajo normalmente en avión.	☹	☹
4. Yo compro en las tiendas ecológicas.	☹	☺
5. Yo no llevo nunca ropa deportiva.	☹	☺
6. No voy a las tiendas de segunda mano.	☺	☺
7. El ritmo de consumo actual no me gusta.	☺	☹
8. A mí me gusta comprar ropa.	☹	☹

7 Pronombres.

Ergänzen Sie die fehlenden direkten und indirekten Pronomen.

1. ◆ ¿Qué buscas?
   ◇ La cámara. No ____ encuentro.

2. ◆ ¿Por qué quieres hablar con Javier?
   ◇ Es que ____ quiero explicar mi problema.

3. ◆ ¿Qué pasa? ¿Por qué no coméis?
   ◇ Es que no ____ gusta el pescado.

4. ◆ ¿Dónde está el teléfono?
   ◇ ____ tiene Ester.

5. ◆ ¿Quieres café?
   ◇ No, no ____ gusta. ¿Tienes té?

6. ◆ ¿Qué haces?
   ◇ ____ escribo una carta a Florián.

7. ◆ ¿Quieren algo más?
   ◇ Sí, ¿____ trae dos cervezas?

8. ◆ ¿Tienes aspirinas?
   ◇ Siempre ____ llevo en el bolso, pero hoy no.

8 Marque la respuesta correcta.

Markieren Sie die jeweils passende Antwort.

1. ¿Qué le parece esta?
   a) A mí no me parece.
   b) Me queda muy ancha.
   c) Me parece.

2. ¿Qué talla tiene?
   a) El cuarenta y dos.
   b) La talla ancha.
   c) La cuarenta y dos.

3. ¿Qué tal te quedan los pantalones?
   a) Buenos.
   b) Baratos.
   c) Bien.

4. El jersey rojo no me gusta nada.
   a) Yo sí.
   b) A mí tampoco.
   c) A mí no.

5. Sólo quería mirar.
   a) Por supuesto.
   b) Aquí mismo.
   c) A la derecha.

6. ¿Qué número calza, señor?
   a) El cuarenta y tres.
   b) El grande.
   c) La treinta y ocho.

Rincón profesional

Oferta de trabajo.
Lesen Sie diese Stellenanzeige und entscheiden Sie, welche Stelle zu besetzen ist.

- ☐ Jefe/-a de personal
- ☐ Técnico/-a administrativo/-a
- ☐ Arquitecto/-a de interiores

ZARA

Con más de 500 centros de moda en 40 países, Zara dicta las tendencias de la moda para millones de personas.

Para nuestra central en **Arteixo** necesitamos un/a

con experiencia en diseño de tiendas de moda y decoración de escaparates. Buscamos a una persona con experiencia en trabajo en grupo. Con buenos conocimientos de inglés.

Su función: realizar proyectos para nuevas tiendas y reformar las actuales.

Presentar el currículum antes del **16 de febrero**.

Por e-mail: rrhh@inditex.com
Por fax: 91.554.45.18
Nuestra web: www.zara.com

Rincón de lectura

El Comercio Justo.
Lesen Sie diesen Ausschnitt aus einer Zeitschrift über fairen Handel und ordnen Sie die drei Überschriften den entsprechenden Absätzen zu.

Sus características | Los orígenes | En España

Comercio Justo

El Comercio Justo nace en Europa, exactamente en Holanda, en los años setenta como alternativa al comercio tradicional y como una forma de equilibrio entre los países ricos y los países pobres.

Hoy ya existen más de tres mil tiendas en Europa. En ellas se venden sólo productos de América Latina, África y Asia, desde el café y cacao hasta ropa e instrumentos musicales.

»› 56

Comercio Justo

En los años ochenta se abren las primeras tiendas de Comercio Justo (antes "Tiendas de la Solidaridad") en Andalucía y el País Vasco. Hoy ya son cincuenta en toda España.

Las tiendas de Comercio Justo trabajan con empresas o cooperativas familiares. Los productos llegan a las tiendas sin tanta burocracia y con sus ventas se financian nuevos proyectos de cooperación tanto en Latinoamérica como en África y Asia. Todo esto es una garantía para los productores en los países de origen y además crea un consumo responsable.

»› 57

Caminos Online – El Comercio Justo.

Unidad 7

Así es la vida

Lernwortschatz

Lerngrammatik

A Las cosas de todos los días
1. Einige reflexive Verben
2. Reflexive Verben
3. Die Abfolge von Handlungen
4. Lateinamerikanische Nationalitätsbezeichnungen
5. Nationalitätsadjektive
6. Verben mit *-g-*
7. Hausarbeit und Freizeitaktivitäten
8. Wortbildung: Substantive und Verben
9. Fragen nach Zeitpunkt, Dauer und Häufigkeit
10. Tagesablauf

B ¡Un día fatal!
1. Präsens und Perfekt: Verbformen
2. Das Perfekt
3. Das Perfekt: Leserbrief
4. Das Perfekt: Umfrage
5. Gebrauch von Präsens und Perfekt
6. Typische Fehler deutschsprachiger Lerner

C Salir de la rutina
1. Wortschatz: Freizeitangebote
2. Auskunft über eine Veranstaltung
3. Fragen zu Freizeitangebot
4. Ein Vorhaben in der Zukunft mit *ir a* ausdrücken
5. Ein Vorhaben in der Zukunft mit *ir a* ausdrücken
6. Gebrauch der direkten Objektpronomen
7. Äußerungen im Singular und Plural
8. Perfekt, Präsens und *ir a*
9. Dolmetschübung: nach Freizeitangebot fragen

Ein Terminkalender
Der Mittagsschlaf

Die Häufigkeit angeben 44
- ◆ ¿Cuántas veces?
- ◇ Todos los días.
- ◇ Muchas veces.
- ◇ Algunas veces.
- ◇ De vez en cuando.
- ◇ Una vez al día.
- ◇ Dos veces a la semana.
- ◇ Casi nunca.
- ◇ Nunca.

Die Dauer angeben 45
- ◆ ¿Cuánto tiempo?
- ◇ Una hora.
- ◇ Media hora.
- ◇ Unos diez minutos.

Den Zeitpunkt angeben 46
- ◆ ¿Cuándo?
- ◇ Los martes.
- ◇ Por la mañana.
- ◇ A eso de las dos.

Über Vergangenes berichten 47
- ◆ ¿Qué has hecho hoy?
- ◇ Me he levantado tarde.

Über ein Vorhaben in der Zukunft sprechen 48
- ◆ ¿Qué vas a hacer?
- ◇ Voy a acostarme temprano.

Um Auskunft bitten 49
- ◆ ¿Me puede decir dónde está el puerto?
- ◆ ¿Me puede decir cuándo abre el museo?
- ◆ ¿Me puede decir si hay descuento para niños?
- ◆ ¿Cuánto tiempo dura la visita?
- ◆ ¿Cuándo cierra la taquilla?
- ◆ ¿Es posible reservar entradas?
- ◆ ¿Es posible ir en metro al zoo?
- ◆ ¿Es posible hacer fotos de los animales?

Prozentangaben

El 10% (diez por ciento) de los españoles…

El 2,5% (dos coma cinco por ciento) de los hombres…

Einen Ablauf strukturieren

primero
después
luego
al final
antes del trabajo
después de desayunar

Zeitangaben, um über kürzlich Vergangenes zu sprechen

hoy
esta mañana
este mes
este año
hasta ahora
ya

Zeitangaben, um über die Zukunft zu sprechen

mañana
esta noche
este fin de semana
la próxima semana
el próximo mes
el próximo año

Freizeit

la actividad
el barco
la carta
el concierto
la entrada para adultos
el escritor
la excursión
la invitación
la maleta
la obra de teatro
la película
el precio
la reserva
la venta de billetes
el viaje
la visita

Freizeitaktivitäten

celebrar el cumpleaños
comer en casa de amigos
dar un paseo
encontrarse con amigos
escuchar música
hacer deporte
hacer gimnasia
hacer una barbacoa
invitar a amigos
ir a la peluquería
ir de copas
ordenar las fotos
pasear
reservar una mesa

reunirse
salir de la rutina
subir al autobús
tomar una copa
ver la tele
visitar una exposición

Hausarbeit
cocinar
hacer las camas
hacer las compras
lavar el coche
lavar los platos
limpiar las ventanas
pasar la aspiradora
planchar
poner la lavadora
poner la mesa
preparar una comida

Aktivitäten
aburrirse
acostarse
concentrarse
dormir
ducharse
empezar
existir
hacer los deberes
levantarse
olvidar una cosa
pensar
perder el autobús
perder la llave
ponerse zapatos
quedarse en casa
relajarse
tener gripe
venir
volver a casa

Verkehr
el accidente
la avería
la grúa
la policía

Produkte
los bombones
el champán
los espaguetis
el salmón

Nationalitätsbezeichnungen
alemán
colombiano
francés
inglés
italiano

Adjektive
completo
diferente
gratuito
normal
posible
típico

Adverbien
así
mejor
normalmente
tarde
temprano

Tipp zum Vokabellernen

Geschichten ausdenken
Sie können sich eine Reihe von beliebigen Begriffen einprägen, indem Sie sie zu einer kurzen Geschichte verknüpfen. Lassen Sie Ihrer Fantasie freien Lauf. Je absurder die Geschichte ist, desto besser können Sie sich diese merken.

Welche Geschichte können Sie mit folgenden Wörtern erzählen: bombones, escritor, película, media hora, hacer gimnasia, nunca, puerto?

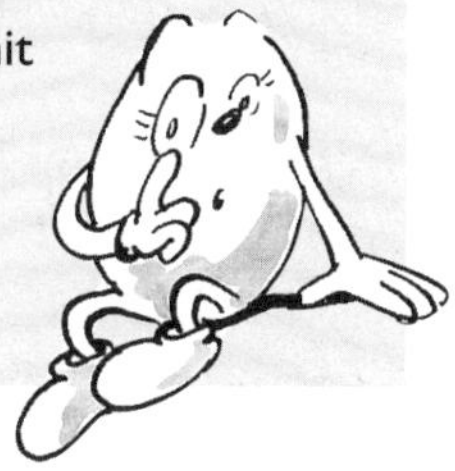

Unidad 7 A

Reflexive Verben

- Verben mit der Infinitivendung **-se** heißen reflexive Verben. Meist kann man **se** mit *sich* übersetzen, z. B. duchar**se** *(______________).*

- Aber nicht alle spanischen reflexiven Verben sind auch im Deutschen reflexiv, z. B. llamar**se** *(______________)*, levantar**se** *(______________)*, und umgekehrt, z. B. descansar *(______________).*

	ducharse	
yo	____ ducho	*ich dusche mich*
tú	____ duchas	*du duschst dich*
usted, él, ella	____ ducha	*Sie duschen sich, er/sie duscht sich*
nosotros/-as	____ duchamos	*wir duschen uns*
vosotros/-as	____ ducháis	*ihr duscht euch*
ustedes, ellos, ellas	____ duchan	*Sie/sie duschen sich*

- Abgesehen vom Reflexivpronomen verhalten sich reflexive Verben genauso wie andere, d. h. die Endungen entsprechen denen der drei Gruppen (**-ar**, **-er**, **-ir**), und es gibt auch welche, die ihren Stammvokal verändern, z. B. **acostarse**:
  me ac**ue**sto, te __________, se __________, nos acostamos, os acostáis, se __________.

- Die Reflexivpronomen stehen normalerweise vor dem Verb:
  Me ducho todos los días.

  Bei Konstruktionen mit Infinitiv können sie auch angehängt werden:
  Ya **te** puedes duchar. – Ya puedes duchar**te**.

- Beachten Sie den Akzent bei einigen Verbformen von **reunirse**, um die Betonung zu erhalten:
  me re**ú**no, te _________, se _________, nos reunimos, os reunís, se _________.

Einen Ablauf strukturieren

- Die Ausdrücke **antes de** und **después de** können mit Substantiv + Artikel oder mit Infinitiv stehen. Die Verbindung mit Infinitiv wird im Deutschen durch einen Nebensatz wiedergegeben:

¿Qué hace Felipe ____________ trabajo?	*Was macht Felipe vor der Arbeit?*
Felipe se ducha ____________ ir al trabajo.	*Felipe duscht sich, bevor er zur Arbeit geht.*
____________ trabajo descansa.	*Nach der Arbeit ruht er sich aus.*
____________ trabajar descansa.	*Nachdem er gearbeitet hat, ruht er sich aus.*

- **Antes** und **después** können auch ohne Präposition stehen und haben die Bedeutung *vorher* und *danach*.

- Weitere Ausdrücke, um einen Ablauf zu strukturieren, sind:
  primero *(__________)* – luego *(später, dann)* – al final *(__________)*

Nationalitätsbezeichnungen

- Nationalitätsbezeichnungen sind im Spanischen immer Adjektive. Vergleichen Sie:

La comida italian**a** es fantástica.	*Das ______________ Essen ist ausgezeichnet.*
Giovanna es italian**a**.	*Giovanna ist ______________.*

- Anders als andere Adjektive bilden Nationalitätsadjektive, auch wenn sie auf Konsonant enden, die weibliche Form auf **-a**. Ein Akzent auf der letzten Silbe entfällt dabei. Beachten Sie auch den Plural: alemán – leman**a**, leman**es** – leman**as**.

- Die Nationalitätsadjektive auf **-ense** oder **-í** haben ebenso wie **belga** für männlich und weiblich dieselbe Form: estadounid**ense**, nicaragü**ense**, marroqu**í**.

	männlich	weiblich
Singular	italian___	italian___
	español	español___
	francés	frances___
Plural	italian___	italian___
	español___	español___
	frances___	frances___

Prozentangaben

- Vor Prozentangaben steht im Spanischen meist der bestimmte Artikel. Das Verb steht im Singular: **El** 33 % (por ciento) de los hombres no trabaja en casa.

Verben mit unregelmäßiger 1. Person

	hacer	poner	salir	traer	decir	venir
yo	______	______	______	______	______	______
tú	haces	pones	sales	traes	______	______
usted, él, ella	hace	pone	sale	trae	______	______
nosotros/-as	hacemos	ponemos	salimos	traemos	decimos	venimos
vosotros/-as	hacéis	ponéis	salís	traéis	decís	venís
ustedes, ellos/-as	hacen	ponen	salen	traen	d**i**cen	v**ie**nen

- **Decir** und **venir** verändern außerdem den Stammvokal: *(e–i)* bzw. *(e–ie)*.
  Zur Erinnerung: **Tener** wird genauso konjugiert wie **venir**; als Verb auf **-er** hat es in den Formen von nosotros/-as und vosotros/-as allerdings eine andere Endung.

- Folgende Verben sind Ihnen auch schon begegnet:

	dar	saber	ver
yo	**doy**	______	______
tú	das	sabes	ves
usted, él, ella	da	sabe	ve
nosotros/-as	damos	sabemos	vemos
vosotros/-as	dais	sabéis	veis
ustedes, ellos, ellas	dan	saben	ven

Zeitpunkt, Dauer und Häufigkeit

■ **¿Cuándo?** *(______________)*

______________	*(montags)*
por la mañana	*(______________)*
______________	*(nachmittags)*
por la noche	*(______________)*
______________	*(um 2 Uhr)*
a eso de las tres	*(______________)*

■ **¿Cuánto tiempo?** *(______________)*

______________	*(eine Stunde)*
media hora	*(______________)*
______________	*(etwa zehn Minuten)*

■ **¿Cuántas veces?** *(______________)*

______________	*(immer)*
todos los días	*(______________)*
______________	*(hin und wieder)*
una vez al día	*(______________)*
______________	*(2 Mal in der Woche)*
tres veces al mes	*(______________)*
______________	*(vier Mal im Jahr)*
casi nunca	*(______________)*
______________	*(nie)*

Wörter auf **-z** haben im Plural die Endung **-ces**: una vez – dos veces.

Unidad 7 B

Das Perfekt

■ Man bildet das Perfekt mit dem Präsens von **haber** und dem Partizip Perfekt des Hauptverbs. Das Partizip ist dabei unveränderlich.

Präsens von haber		Partizip Perfekt	
yo	________		
tú	________		
usted, él, ella	________	habl____	Verben auf **-ar**
nosotros/-as	________	com____	Verben auf **-er**
vosotros/-as	________	viv____	Verben auf **-ir**
ustedes, ellos, ellas	________		

■ Alle Verben bilden das Perfekt mit **haber**. Vergleichen Sie:

(Yo) ________ trabajado mucho. — *Ich **habe** viel gearbeitet.*

(Nosotros) ________ ido a casa. — *Wir **sind** nach Hause gegangen.*

■ Die Formen von **haber** stehen immer unmittelbar vor dem ______________:

No me **he duchado** hoy. — *Ich habe mich heute nicht geduscht.*
Hoy nos **hemos levantado** tarde. — *Wir sind heute spät aufgestanden.*

■ **Haber** kann nicht allein gebraucht werden. Das deutsche *haben* heißt ________:
Tenemos dos hijos.

Unregelmäßige Partizipien

abrir	______	escribir	______	ir	______	poner	______	ver	______
______	**dicho**	______	**hecho**	______	**leído**	______	**sido**	______	**vuelto**

Der Gebrauch des Perfekts

- Im Unterschied zum Deutschen wird das spanische Perfekt ausschließlich für Ereignisse verwendet, die in einem gewissen Zusammenhang mit der Gegenwart stehen:
  - Es steht bei Handlungen innerhalb eines Zeitraums der Vergangenheit, den der Sprecher als noch nicht abgeschlossen betrachtet. Daher steht es häufig mit Zeitangaben wie **hoy**, **esta mañana**, **esta semana**, **este año**:

    ¿Qué has comido ________? — *Was hast du heute gegessen?*

    __________ hemos ido a Mallorca. — *Dieses Jahr sind wir nach Mallorca gefahren.*
  - Es steht außerdem bei vergangenen Handlungen, deren Zeitpunkt nicht näher angegeben wird, zusammen mit **alguna vez**, **muchas veces**, **nunca**, **ya**:

    No he estado ________ en Mallorca. — *Ich war noch nie auf Mallorca.*

Die Verneinung

- Zur Erinnerung: Im Spanischen wird ein Satz verneint, indem man **no** *(nicht, kein/e)* vor das konjugierte Verb bzw. vor ein dem Verb vorausgehendes Pronomen stellt:

  Hoy **no** he tenido tiempo. — *Heute hatte ich ________ Zeit.*

  No me he duchado. — *Ich habe mich ________ geduscht.*

- **Nunca** *(nie)* kann vor oder nach dem Verb stehen. Steht es nach dem Verb, so muss vor dem Verb zusätzlich **no** stehen:

  Nunca llego tarde. – **No** llego **nunca** tarde. — *Ich komme nie zu spät.*

Unidad 7 C

‚Ir a' + Infinitiv (Das ‚futuro próximo')

- Die Konstruktion **ir a + Infinitiv** dient dazu, ein Vorhaben in der Zukunft oder ein bevorstehendes Ereignis auszudrücken:

	ir	a +	Infinitiv
yo	______		
tú	______		
usted, él, ella	______	a	hacer una excursión.
nosotros/-as	______		
vosotros/-as	______		
ustedes, ellos, ellas	______		

¿Qué **vas a hacer** el sábado? — *Was ____________ am Samstag machen?*

Mañana **vamos a reunirnos** en casa de Pepe. — *Morgen ____________ uns bei Pepe treffen.*

A. Las cosas de todos los días

1

Verbos.
Ein Tag im Leben von Marisa und Ángel. Ergänzen Sie die konjugierten Verbformen.

1. Marisa y Ángel (*levantarse*) ____________ a las siete de la mañana.
2. Los dos (*ducharse*) ____________ y (*desayunar*) ____________ rápido.
3. Luego (*ir*) ____________ al trabajo en autobús.
4. A las dos de la tarde (*comer*) ____________ juntos en un bar.
5. Después del trabajo Marisa (*ir*) ____________ al gimnasio y Ángel (*hacer*) ____________ un curso de inglés.
6. A las 9 de la noche los dos (*cenar*) ____________ en casa.
7. Los fines de semana (*reunirse*) ____________ con amigos en el bar.
8. Todos los días (*acostarse*) ____________ a las once y (*pensar*) ____________: "¡Qué vida monótona!"

2

Actividades diarias.
Schreiben Sie auf, wann diese Dinge gemacht werden.

despertarse = aufwachen

1. ustedes / despertarse temprano / 5:45 hs.
   Ustedes se despiertan temprano, a las seis menos cuarto de la mañana.
2. nosotros / levantarse / 7:15 hs.
   ____
3. yo / lavarse / 8:30 hs.
   ____
4. vosotros / encontrarse / todos los días / 16:00 hs. / en un café
   ____
5. tú / ducharse / 23:00 hs.
   ____
6. la gente de la ciudad / acostarse tarde / 24:00 hs.
   ____

3

Antes de, después de, primero, luego, al final.
Ordnen Sie diese Aktivitäten chronologisch und geben Sie an, was die Person zuerst und zuletzt macht.

Antes de estudiar inglés, toma un café.
Después de la cena se encuentra con sus amigos.
Toma un café después de las compras.
Hace gimnasia antes de la cena, después de estudiar inglés.

Primero ...

Al final ...

4 **Los latinoamericanos.**
Ergänzen Sie die fehlenden Ländernamen und Nationalitätsbezeichnungen.

país	habitantes	país	habitantes
____________	bolivianos	Argentina	____________
Cuba	____________	____________	venezolanos
____________	guatemaltecos	____________	paraguayos
____________	ecuatorianos	Chile	____________
México	____________	____________	peruanos
____________	salvadoreños	____________	nicaragüenses
____________	panameños	Uruguay	____________
Colombia	____________	____________	dominicanos
____________	portorriqueños	____________	costarricenses
____________	hondureños		

5 **Gentilicios.**
Ergänzen Sie die Nationalitätsadjektive und gleichen Sie die Endung an.

español, argentino, suizo, irlandés, mexicano, canadiense

1. El chocolate ____________ es muy famoso.
2. La tortilla ____________ lleva patatas y huevos.
3. El salmón ____________ del Pacífico se vende muy bien en Europa.
4. El tequila es una bebida ____________.
5. El tango ____________ se baila en todo el mundo.
6. Tengo un whisky ____________ excelente. ¿Quieres probarlo?

6 **La vida diaria.**
Ergänzen Sie die passenden Verbformen.

1. ◆ Me gusta el orden. Siempre (*hacer*) ____________ las camas antes de ir al trabajo.
   ◇ Yo nunca (*tener*) ____________ tiempo, es que (*levantarse*) ____________ y (*salir*) ____________ rápido.
2. ◆ Yo nunca (*poner*) ____________ la lavadora, siempre la (*poner*) ____________ Antonio.
   ◇ ¡Qué suerte (*tener*) ____________! Mi novio no la (*poner*) ____________ nunca.
3. ◆ Gerardo y los niños (*ayudar*) ____________ mucho en casa, (*poner*) ____________ la mesa, (*pasar*) ____________ la aspiradora y eso.
   ◇ ¡Algo es algo!
4. ◆ A mí no me (*gustar*) ____________ las tareas de casa y lo (*hacer*) ____________ todo rápido.
   ◇ A mí tampoco. Yo nunca (*limpiar*) ____________ las ventanas ni (*planchar*) ____________.
5. ◆ ¿Qué (*hacer*) ____________ vosotros los fines de semana?
   ◇ (*dormir*) ____________ hasta muy tarde y no (*hacer*) ____________ nada.

7 ¿Qué haces?

Schreiben Sie zu den Zeichnungen die Tätigkeiten und verwenden Sie dabei folgende Verben.

poner ★ hacer ★ lavar ★ tocar ★ dar ★ limpiar ★ jugar ★ pasar

Im Spanischen gibt es zwei Wörter für das deutsche „spielen“: *jugar al tenis, tocar la guitarra*

dar un paseo

8 ¿Qué verbos son?

Welche Verben können Sie von diesen Substantiven ableiten?

la ducha ________	el almuerzo ________	la compra ________
el trabajo ________	la reunión ________	la salida ________
la llegada ________	la comida ________	el encuentro ________
el estudio ________	la cena ________	la llamada ________

9 ¿Cuándo? ¿Cuánto tiempo? ¿Cuántas veces?

Formulieren Sie Fragen, um diese Antworten zu erhalten.

1. Veo la tele una hora al día.
2. Doy un paseo los sábados por la tarde.
3. Hago los deberes de español todos los días.
4. Visito a mis padres una vez al año.
5. Voy al gimnasio los martes a las nueve.
6. Leo el periódico todos los días.

10 Un día completo.

Beschreiben Sie den Tagesablauf dieses Mannes.

A las siete y media se despierta.

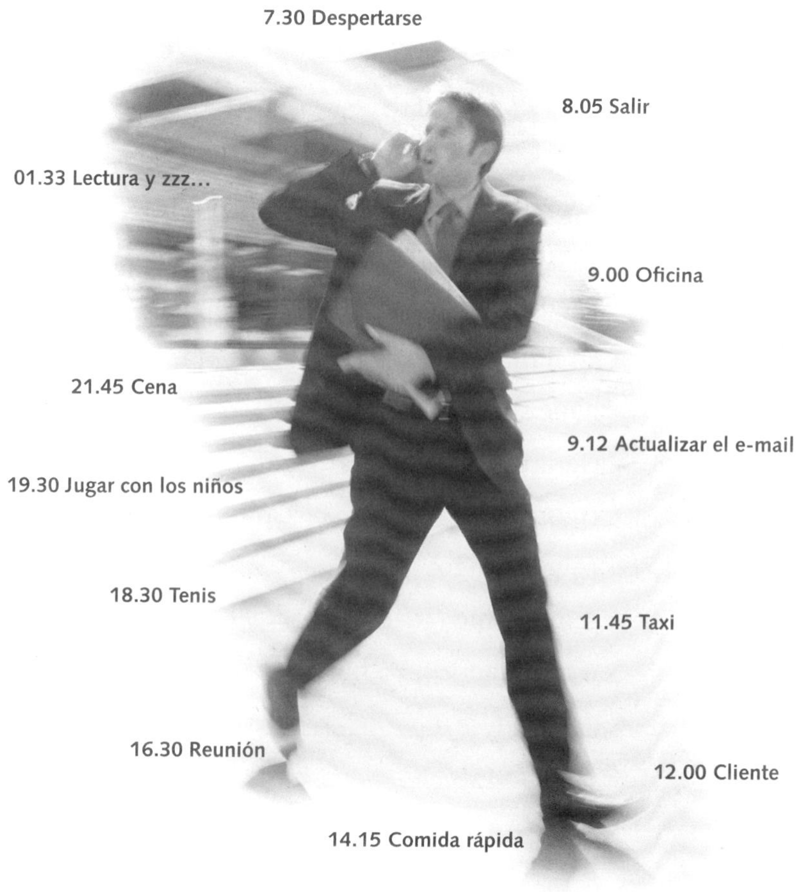

B. ¡Un día fatal!

1

Presente y perfecto.
Ergänzen Sie die fehlenden Verbformen.

	normalmente (yo)	hoy (yo)
1. ________	escribo	________
2. salir	________	________
3. ________	________	he conocido
4. leer	________	________
5. ________	vuelvo	________
6. hacer	________	________
7. ________	me levanto	________
8. acostarse	________	________

2

¿Qué han hecho?
Ergänzen Sie in diesen Sätzen das Perfekt und geben Sie an, was der Junge und die Frau jeweils gemacht haben.

1. (*trabajar*) ________ seis horas sin interrupción.
2. (*encontrarse*) ________ con un cliente en el centro.
3. (*decir*) ________ una mentira a sus compañeros de clase.
4. (*poner*) ________ la lavadora.
5. (*comer*) ________ en la escuela.
6. (*hacer*) ________ las tareas de matemáticas.
7. (*jugar*) ________ con una amiga.
8. (*ver*) ________ un reportaje en la tele.

3

Una carta al director.
Ergänzen Sie in diesem Leserbrief das Perfekt.

Estimado Sr. Director:

Muchas gracias por la publicación de "Los hombres españoles y las tareas de casa" en su periódico. Lo (leer) ________ con mucho interés.

Yo soy uno de esos hombres que hacen las tareas de casa. Le comento lo que (hacer) ________ por ejemplo hoy: (lavar) ________ mi ropa, (poner) ________ la lavadora, (pasar) ________ la aspiradora y (hacer) ________ la comida.

Además (trabajar) ________ ocho horas, es que soy empleado en una librería.

Yo creo que cada vez hay más hombres que viven solos y aprenden a hacer las tareas de casa como lo (aprender) ________ yo.

Atentamente,

Federico Prado

4 Muchas veces – nunca.

Thomas und Annika besuchen einen Spanischkurs in Quito. Sie haben an einer Umfrage teilgenommen. Notieren Sie die Ergebnisse.

Thomas no ha estado nunca en Latinoamérica y Annika…

Cuestionario

	muchas veces	varias veces	una vez	nunca
1. Estar en Latinoamérica.	☐	☐	✓	✗
2. Faltar a clase.	☐	✗✓	☐	☐
3. Tener una mala nota en un test.	✓✗	☐	☐	☐
4. No acostarse en toda la noche.	✗	✓	☐	☐
5. Perder una dirección muy importante.	☐	✗	☐	✓
6. Leer una novela fácil en español.	☐	☐	✓✗	☐

✗ Thomas ✓ Annika

5 Normalmente y hoy.

Ergänzen Sie in diesen Dialogen das Perfekt.

1. ◆ ¿Dónde comes normalmente?
   ◇ En un bar, pero hoy ______________ en casa.
2. ◆ ¿Tú vas al cine frecuentemente?
   ◇ Una vez al mes, pero esta semana ya ______________ dos veces.
3. ◆ ¿Cuándo se ducha Pedro normalmente?
   ◇ Por la mañana, pero hoy ______________ por la tarde.
4. ◆ ¿Cómo vais al trabajo tú y Victoria?
   ◇ Siempre vamos en coche, pero hoy ______________ en metro.
5. ◆ ¿Qué hacen Pedro y Ernesto los sábados por la mañana?
   ◇ Hacen las compras en el mercado pero hoy las ______________ en el supermercado.
6. ◆ Niños, ¿jugáis siempre en casa?
   ◇ ¡Sí! Pero hoy ______________ en casa de Marina.

6 La palabra correcta.

Achtung, diese Sätze enthalten einige Fehler. Sehen Sie sich die Sätze an und ersetzen Sie die fett gedruckten Wörter durch die richtigen Wörter auf der rechten Seite.

1. Hoy me **ha** duchado muy rápido.
2. Después de cocinar **hago** la mesa.
3. Tomo un café después **del** comer.
4. ¿**Cuándo** tiempo ves la tele al día?
5. ¿Te **ha** duchado con agua fría?
6. He **olvido** mis llaves en el autobús.
7. Nunca **no** he dormido en un hotel.
8. Graciela **es** venido a mi casa.
9. Hoy la galería ha **abierta** a las nueve.
10. Por la noche se acuestan muy **pronto**, a la una.

a) has
b) —
c) ha
d) abierto
e) pongo
f) tarde
g) he
h) de
i) cuánto
j) olvidado

C. Salir de la rutina

1 **Informaciones.**
Ergänzen Sie diese Sätze mit den passenden Wörtern.

taquilla · horario · entrada · días festivos · descuento · billetes

1. ◆ ¿Me puede decir si hay __________ para estudiantes?
   ◇ Sí, pero sólo si presenta su carnet de estudiante.
2. ◆ Perdón, ¿qué __________ tiene el museo?
   ◇ De 11 a 20 horas. Los lunes está cerrado.
3. ◆ ¿Cuánto cuesta la __________ al parque de atracciones?
   ◇ Para adultos 7 euros y los niños hasta 6 años pagan 4.
4. ◆ ¿Es posible visitar la exposición fotográfica el domingo?
   ◇ No. Los ____________ está cerrada.
5. ◆ ¿Me puede reservar 10 entradas para mañana?
   ◇ Las puede comprar directamente en la __________ del museo.
6. ◆ ¿Hay __________ para el autobús turístico de las 11?
   ◇ No, ya está completo. El próximo sale a la una.

2 **Un espectáculo de flamenco.**
Ein Freund fragt Sie, was Sie heute Abend gemacht haben.
Beantworten Sie die Fragen mithilfe dieser Abbildungen.

1. ¿Qué espectáculo has visto?
2. ¿De quién es el espectáculo?
3. ¿A qué hora ha empezado?
4. ¿En qué teatro está?
5. ¿Dónde está el teatro?
6. ¿Cuánto ha costado la entrada?

3 **Una visita al zoo.**
Sehen Sie sich den Prospekt des Zoos von Jerez de la Frontera an. Wie würden Sie nach allen genannten Informationen fragen (Öffnungszeiten, Eintrittspreis, Gastronomie, Anschrift …)?

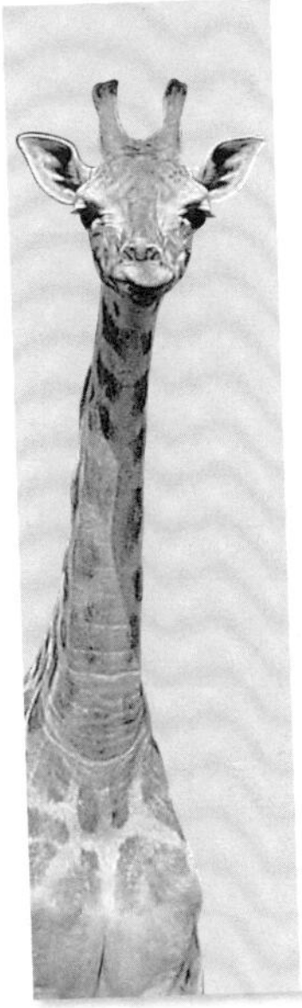

Zoo Jerez de la Frontera

Horario	De 10 a 20 horas Lunes cerrado
Tarifas	5 euros 3 euros
Además el parque ofrece:	1 euro
Informaciones	c/Taxdirt, s/n 0034–956 18 23 97 zoo@aytojerez.es

¿Cuándo abre el zoo? ______________________

____

____

____

____

____

____

____

____

4 Planes.

Ergänzen Sie die Sätze mit *ir a* und dem passenden Verb.

hacer | reunirse | reservar | probar | quedarse | ver | visitar | invitar

1. Mañana por la tarde Martina ________________ las entradas para el partido de tenis.
2. El viernes Julio y Enrique ________________ la nueva película de Almodóvar.
3. ¿Quieres venir con nosotros? El próximo mes ________________ la Alhambra.
4. He comprado un libro de cocina vasca y el sábado ________________ una receta. ¡Te invito!
5. ¿Tú ________________ una excursión el fin de semana?
6. Mañana Claudia ________________ en casa porque quiere descansar.
7. El sábado nosotros ________________ en Sevilla para celebrar el cumpleaños de Miguel.
8. Quiero hacer una fiesta muy grande. ________________ a cien personas.

5 ¿Qué van a hacer estas personas?

Schreiben Sie, was diese Personen machen werden.

1. ________________
____
2. ________________
____
3. ________________
____
4. ________________
____
5. ________________
____
6. ________________
____

1

2

3

4

5

6

6 Los pronombres.

Verbinden Sie die passenden Fragen und Antworten.

1. ¿Dónde está el regalo para Daniela?
2. Hoy limpias las ventanas, ¿verdad?
3. ¿Has comprado los zapatos negros?
4. ¿Dónde están los platos de postre?
5. ¿Por qué no haces las camas?
6. ¿Quieres el periódico?

a) Las voy a hacer más tarde. ¡Tranquila!
b) No, ya lo he leído.
c) Lo he puesto sobre el vídeo.
d) Los voy a comprar mañana.
e) Ya las he limpiado.
f) Los he puesto en la mesa de la cocina.

7 ¿Qué dicen?

Wie lauten diese Sätze, wenn sie Clara und Gustavo äußern?

yo	Clara y Gustavo
1. ¿Me puede decir cuándo empieza el teatro?	¿Nos puede decir…?
2. Voy a escribiros la semana próxima.	
3. Nunca puedo acostarme tarde.	
4. Me han hecho un regalo muy bonito.	
5. He tenido que levantarme muy temprano.	
6. No he podido comprarle las flores a Valeria.	
7. Voy a reunirme con la gente del teatro.	
8. Mañana voy a quedarme en casa todo el día.	

8 ¿Qué ha hecho? ¿Qué hace? ¿Qué va a hacer?

Ergänzen Sie die fehlenden Sätze im Perfekt, im Präsens und mit *ir a*.

esta semana	normalmente	mañana
1.	1. Me levanto a las seis y media.	1.
2.	2.	2. Vamos a reunirnos en casa de Carolina.
3.	3.	3. Juan te va a regalar flores muy bonitas.
4.	4. Hacemos una barbacoa en casa.	4.
5. ¿Te has comprado zapatillas de tenis?	5.	5.
6.	6.	6. Voy a escribir cartas a mis amigos.

9 ¿Qué pregunta usted…?

Wie fragen Sie auf Spanisch, wenn Sie wissen möchten …

1. … wann das Museum für moderne Kunst morgens öffnet?
2. … um wie viel Uhr Kassenschluss ist?
3. … wie viel eine Eintrittskarte für Erwachsene kostet?
4. … ob es eine Studentenermäßigung gibt?
5. … wie lange die Führung dauert?
6. … ob man in der Ausstellung fotografieren darf?
7. … ob man mit der U-Bahn zum Aquarium fahren kann?
8. … wo man die Fahrkarten kaufen kann?

Rincón profesional

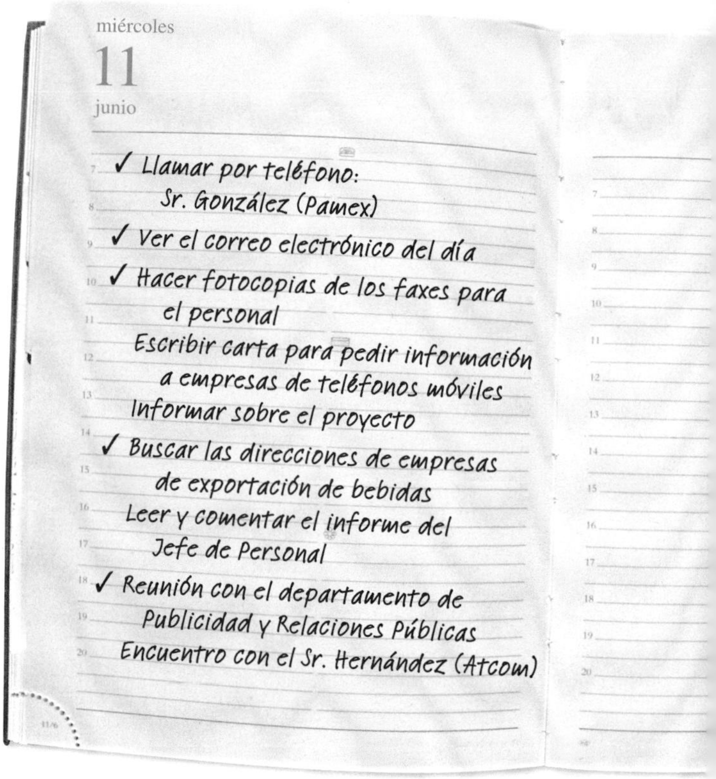

Una agenda de trabajo.
Lesen Sie die Einträge im Kalender von Frau Ibarra und schreiben Sie, was sie heute schon gemacht hat und was sie noch erledigen muss.

Ya ha llamado por teléfono al señor González de la empresa Pamex.
Todavía no ha escrito la carta…

Rincón de lectura

a) La siesta.
Lesen Sie den folgenden Text und suchen Sie die Übersetzung dieser Wörter.

– Untersuchung
– Klischee
– Sprichwort
– Geheimnis
– gesundes Leben
– müde, Müdigkeit

b) Welche dieser drei Aussagen entspricht der Information des Textes?

☐ La fórmula mágica: acostarse temprano.
☐ Los alemanes duermen más la siesta que los españoles.
☐ La siesta: sinónimo del sur de Europa.

Caminos Online La siesta.

Los alemanes son los europeos que más duermen la siesta

Según un estudio sobre el descanso hay grandes diferencias en los hábitos de dormir entre el norte y el sur de Europa.

En contra de los tópicos, aceptados por todos, los más fanáticos de la siesta no viven en el sur del continente. El 22 % de los alemanes duerme la siesta como mínimo tres veces por semana. Siguen los italianos con el 16 % y los ingleses con el 15 %. Y sólo el 9 % de los portugueses y el 8 % de los españoles tiene la costumbre de dormir la siesta.

Hay un dicho popular alemán que dice "Acostarse pronto y levantarse pronto es el secreto de una vida sana." Con este argumento los padres alemanes llevan a sus hijos muy temprano a la cama y los padres van con ellos. Los alemanes son los que primero se acuestan y los que primero se levantan, pero duermen de forma irregular durante la noche. Por eso están más cansados durante el día que los europeos del sur y duermen la siesta.

¿Hay una relación entre el cansancio y la costumbre de acostarse y levantarse temprano?

Texto adaptado de Ondasalud

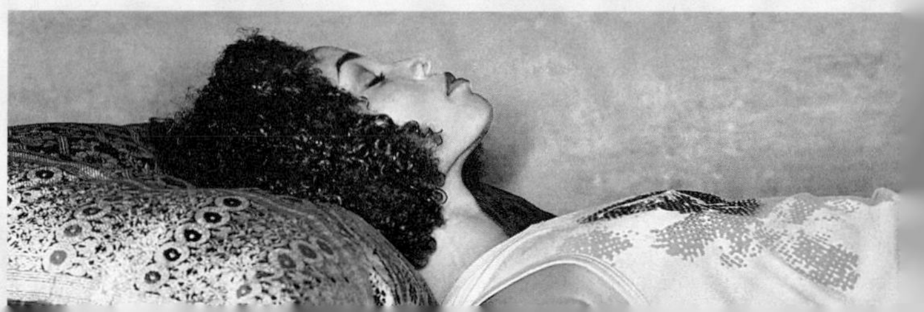

Unidad 8

Revuelto

Test

Hier können Sie Ihren Lernfortschritt selbst kontrollieren.

1. Wortschatz und Grammatik	Vocabulario y estructuras
2. Hörverstehen	Comprensión auditiva
3. Hören und Antworten	Respuestas adecuadas
4. Leseverstehen	Comprensión lectora

Verben auf einen Blick

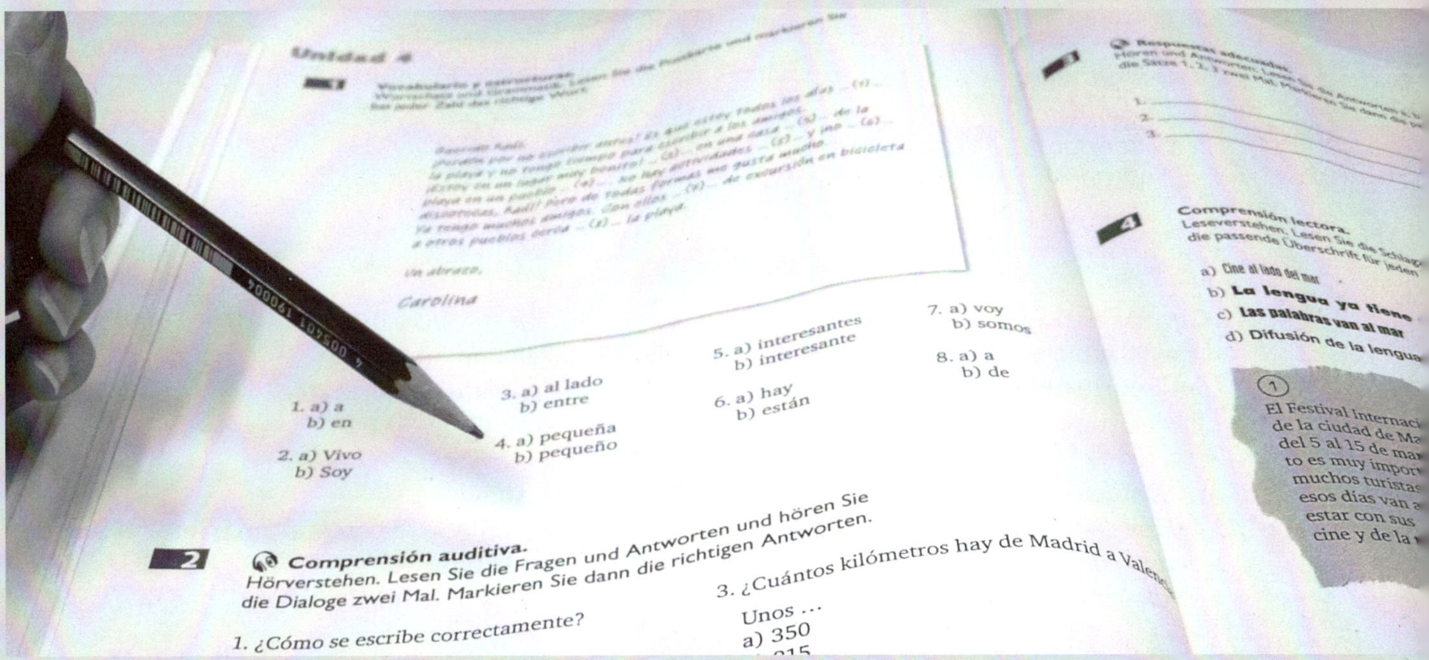

1 Vocabulario y estructuras.

Lesen Sie die E-Mail und markieren Sie bei jeder Zahl das richtige Wort.

Archivo Editar Ver Insertar Formato Opciones Herramientas Ventana Ayuda

Enviar Dirección Adjuntar Ortografía Seguridad Guardar

… (1) … María Eugenia:

He llegado muy bien a Burgos. Esta semana ya he … (2) … que trabajar mucho. Hay muchas cosas diferentes en esta librería. Es muy grande, tiene dos plantas y … (3) … venden muchos libros extranjeros: italianos, … (4) … y ¡hasta libros alemanes! Todavía no he … (5) … a clasificarlos. … (6) … a necesitar más tiempo. Además, aquí trabajan más horas y no tengo mucho tiempo para mí. Pero, tranquila, me gusta … (7) …

¡Ah! El regalo para Mireia ya … (8) … he comprado. Estoy seguro de que … (9) … a ti te va a gustar. ¡Sorpresa!

¿Y tú? ¿Ya has comprado el billete para venir a … (10) …?

Un beso,
Carlos

Carga de página terminada

1. a) Querida b) Queridas	3. a) se b) le	5. a) aprendo b) aprendido	7. a) mucho b) muy	9. a) también b) tampoco
2. a) querido b) tenido	4. a) inglés b) ingleses	6. a) Voy b) Tengo	8. a) le b) lo	10. a) me visitar b) visitarme

2 Comprensión auditiva. 50

Lesen Sie die Situationsbeschreibungen und die Aussagen und hören Sie die Texte zwei Mal. Geben Sie dann an, ob die Aussagen mit den Hörtexten übereinstimmen (+) oder nicht (–).

1. **Situación:**
   Hoy es domingo, usted está delante del museo y está cerrado.
   Escuche lo que le dicen:

   ☐ El museo abre los domingos a las once de la mañana.

2. **Situación:**
   Usted ha reservado una mesa para cuatro personas. Llega al restaurante.
   Escuche lo que le dicen:

   ☐ En media hora hay una mesa.

3. **Situación:**
   Usted quiere comprar un pantalón negro en la talla 50.
   Escuche lo que le dicen:

   ☐ El pantalón lo tienen en su talla en la tienda del centro.

4. **Situación:**
   Su amiga Carmela llama por teléfono.
   Escuche lo que le dice:

   ☐ Mañana compra los billetes para el teatro.

3 **Respuestas adecuadas.** 51

Lesen Sie die Antworten a, b, c, d, e und hören Sie die Sätze 1, 2, 3, 4 zwei Mal. Markieren Sie dann die passenden Antworten.

1. …
2. …
3. …
4. …

a) Aquí mismo.
b) Ahora mismo.
c) Yo tampoco.
d) A mí también.
e) Muy bueno, gracias.

4 **Comprensión lectora.**

Sehen Sie sich zuerst die Webseite von „Multitiendas“ an.

Lesen Sie nun die Fragen und suchen Sie die Informationen auf der Webseite. Markieren Sie jeweils die richtige Antwort.

1. Usted quiere comprar tres botellas de champán. ¿Dónde hace click?
   a) En Deporte y cultura.
   b) En Alimentación.

2. Usted quiere comprar un CD de Manu Chao. ¿Dónde hace click?
   a) En Electrónica.
   b) En Deporte y cultura.

3. Su móvil no funciona y quiere reclamar. ¿Dónde hace click?
   a) En Electrónica.
   b) En Electrodomésticos.

Verben auf einen Blick

Verben mit unregelmäßigen Präsensformen

	e–ie querer	weitere Verben	**o–ue** poder	weitere Verben	**e–i** pedir	weitere Verben
yo	quiero		puedo		pido	
tú	quieres		puedes		pides	
usted, él, ella	quiere		puede		pide	
nosotros/-as	queremos		podemos		pedimos	
vosotros/-as	queréis		podéis		pedís	
ustedes, ellos/-as	quieren		pueden		piden	

Kennen Sie weitere Verben, die genauso konjugiert werden? Notieren Sie sie doch neben diese Verbkonjugationen. Wie Sie wissen, führen alle Verben mit Veränderung des Stammvokals im Wörterverzeichnis des Lehr- und Arbeitsbuchs einen Hinweis: *(ie), (ue), (i)*.

	hacer	poner	salir	traer	decir	venir
yo	**hago**	**pongo**	**salgo**	**traigo**	**digo**	**vengo**
tú	haces	pones	sales	traes	dices	vienes
usted, él, ella	hace	pone	sale	trae	dice	viene
nosotros/-as	hacemos	ponemos	salimos	traemos	decimos	venimos
vosotros/-as	hacéis	ponéis	salís	traéis	decís	venís
ustedes, ellos/-as	hacen	ponen	salen	traen	dicen	vienen

	saber	ver	dar
yo	**sé**	**veo**	**doy**
tú	sabes	ves	das
usted, él, ella	sabe	ve	da
nosotros/-as	sabemos	vemos	damos
vosotros/-as	sabéis	veis	dais
ustedes, ellos/-as	saben	ven	dan

Reflexive Verben

ducharse	reunirse
me ducho	**me** reúno
te duchas	**te** reúnes
se ducha	**se** reúne
nos duchamos	**nos** reunimos
os ducháis	**os** reunís
se duchan	**se** reúnen

Das Perfekt

	Präsens von haber	Partizip Perfekt
yo	**he**	
tú	**has**	habl**ado**
usted, él, ella	**ha**	com**ido**
nosotros/-as	**hemos**	viv**ido**
vosotros/-as	**habéis**	
ustedes, ellos/-as	**han**	

abrir → **abierto**
decir → **dicho**
escribir → **escrito**
hacer → **hecho**
ir → **ido**
leer → **leído**
poner → **puesto**
ser → **sido**
ver → **visto**
volver → **vuelto**

Unidad 9

Relaciones personales

Lernwortschatz

Lerngrammatik

A ¿Quién es quién en la familia?
1. Verwandtschaftsbezeichnungen
2. Wortschatz: Familie und Adjektive
3. Der Akkusativ mit und ohne *a*
4. Vorstellungsdialoge
5. Die direkten Objektpronomen
6. Gebrauch der Präpositionen
7. Fragen zur Familie

B La familia de hoy
1. Die Possessivpronomen und ihre Übersetzung
2. Die Possessivpronomen
3. Die Pronomen
4. Wortschatz: Familie und Zusammenleben
5. Relativsätze mit *que* und *donde*
6. Überraschung, Freude und Bedauern
7. Typische Fehler deutschsprachiger Lerner

C Entrar en contacto
1. Beschreibung von Personen
2. Beschreibung von Personen
3. Adjektive und ihr Gegenteil
4. Gebrauch von *ser* und *estar*
5. Dolmetschübung: Personen beschreiben

Ein Bewerbungsschreiben
Die Namensgebung in Spanien

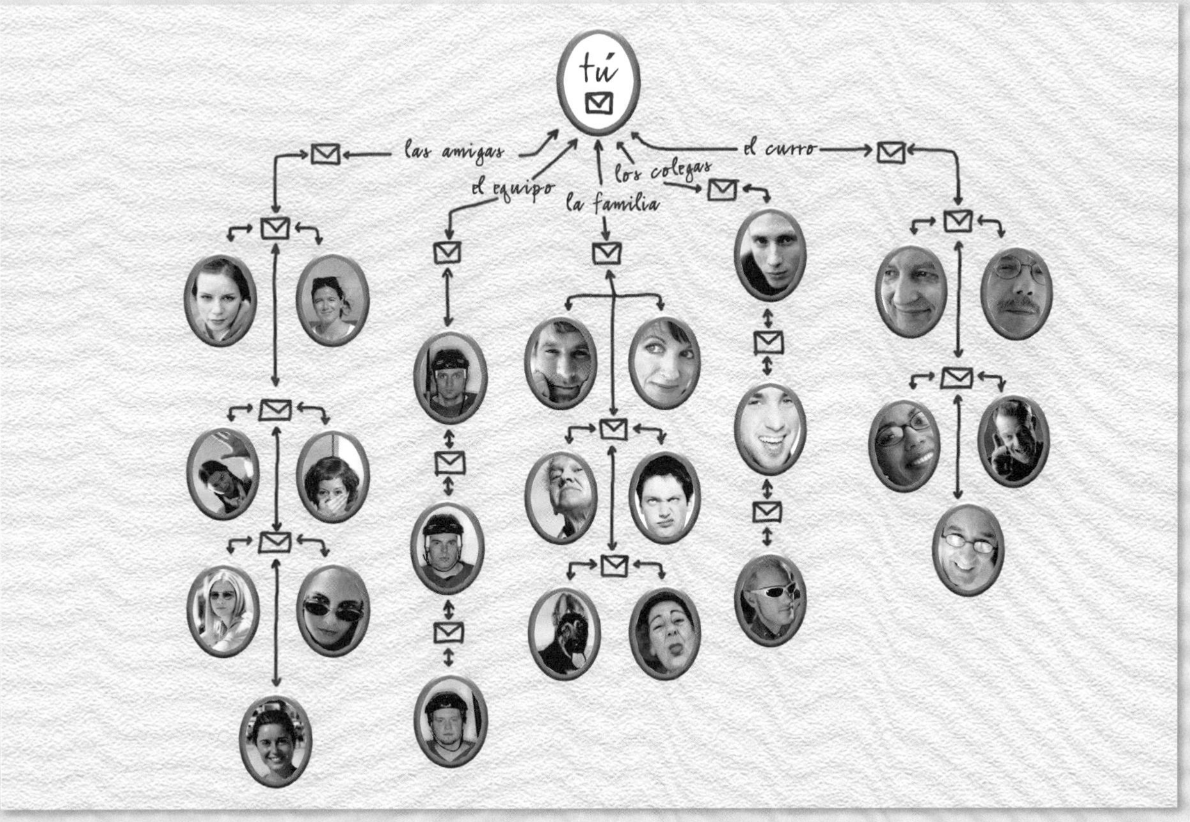

Jemanden vorstellen 52
- ◆ Este es Juan, un amigo.
- ◇ Hola, ¿qué tal?
- ◆ Esta es mi hermana Carmen.
- ◇ Mucho gusto.
- ◆ Le presento al señor Martín.
- ◇ Encantada.
- ◆ ¿Conoces a mi prima Julia?
- ◇ No, todavía no.

Das Aussehen einer Person 53

Es alto / bajo.
Es delgado / gordo.
Es feo / guapo.
Es joven / mayor.
Es moreno / rubio.
Es atractivo.
Es calvo.
Es deportista.
Lleva gafas.
Lleva sombrero.
Lleva barba.
Lleva bigote.
Tiene el pelo castaño.
Tiene los ojos negros.

Eine Person identifizieren 54

El chico del jersey rojo.
La chica del pelo largo.
El rubio es Alfredo.
La de la izquierda
es María.

Freude äußern 55
- ◆ ¡Qué bien!
- ◆ ¡Qué suerte!
- ◆ ¡Cuánto me alegro!

Bedauern äußern 56
- ◆ ¡Qué lástima!
- ◆ ¡Qué pena!
- ◆ ¡Cuánto lo siento!

Überraschung äußern 57
- ◆ ¿De verdad?
- ◆ ¿En serio?
- ◆ ¡No me digas!
- ◆ ¿Qué me dices?
- ◆ ¡No puede ser!
- ◆ ¡Increíble!
- ◆ ¡Dios mío!

Der Charakter einer Person

el carácter
abierto
agradable
alegre
ambicioso
antipático
difícil
dinámico
generoso
inteligente
nervioso
relajado
serio
sociable
tímido
de buen humor
de mal humor

Verwandtschaftsbezeichnungen

la familia
el abuelo / la abuela
el hermano / la hermana mayor
los hermanos
el hijo / la hija
el padre / la madre
los padres
el marido / la mujer
el nieto / la nieta
el primo / la prima
el sobrino / la sobrina
el tío / la tía

Personen

el candidato
el chico / la chica
el colega
el compañero de trabajo
el experto
el periodista
el vecino

Familienstand

el estado civil
está casado
está divorciado
está separado
está soltero

Adjektive

enamorado
enfermo
europeo
jubilado
juntos
positivo
solo
último
único

Zusammenleben
la boda
el divorcio
la generación
el matrimonio
la pareja
las relaciones personales
el siglo XXI (veintiuno)
la sociedad
la vida
la vivienda

Freizeit
la alegría
el anuncio
el artículo
la canción
la compañía
el curso
el dibujo
el mensaje
la sorpresa
el tiempo libre

Freizeitaktivitäten
hacer footing
hacer surf
tocar el piano
tocar la guitarra

Aktivitäten
alegrarse
casarse
conocer
contestar
describir
dibujar
divorciarse
encontrar
entender
entrar en contacto
enviar
explicar
identificar
interesar
llevarse bien
mandar
ofrecer
ponerse en contacto

Angaben zur Person
los datos personales
el domicilio
la fecha de nacimiento
la nacionalidad

Adverbien
además
entonces
pronto
siempre

Tipp zum Vokabellernen

Wortverwandtschaften und -bekanntschaften
Sie haben bereits gesehen, dass Wörter nicht isoliert existieren und im Gedächtnis abgespeichert werden, sondern immer eine Beziehung zu anderen Wörtern haben. Diese Beziehungen können „verwandtschaftlicher" Natur sein, das heißt, es gibt Wortfamilien, bei denen Substantive, Verben und Adjektive denselben Wortstamm haben und voneinander abgeleitet werden können.

- Welche Substantive können Sie z. B. von folgenden Verben ableiten: alegrarse, describir, dibujar, divorciarse?

Unter den Wörtern gibt es aber weitaus mehr „partnerschaftliche" Beziehungen, das heißt, viele Wörter erscheinen immer in fester Begleitung (Kollokationen), haben eine freundliche (Synonyme) oder eher feindliche Beziehung (Antonyme) zueinander oder bilden eine große Clique (Wortfeld). Wenn Sie die Wörter innerhalb ihrer Beziehungen lernen, können Sie sie später mit Sicherheit besser abrufen.

- Was kann man z. B. mit folgenden Substantiven „machen": gafas, guitarra, surf, jersey, canción? z. B. llevar gafas…
- Kennen Sie Synonyme zu ¡Qué lástima!, ¿En serio?, bonito?
- Und wie lautet das Gegenteil von alto, simpático, rubio, casarse?
- Können Sie ein Wortfeld zu „familia" erstellen? z. B. la madre, el padre, el hermano…

Unidad 9 A

Die Verkürzung der Adjektive

- Ist Ihnen aufgefallen, dass **bueno** vor männlichen Substantiven im Singular zu **buen** verkürzt wird? ______ humor; aber: ______ calidad.
- Beachten Sie, dass **grande** vor männlichen und weiblichen Substantiven im Singular zu **gran** verkürzt wird: un ______ problema, una ______ influencia del italiano.

Verwandtschaftsbezeichnungen

- ◉|◉ **Los padres** bedeutet je nach Kontext *Väter* oder __________ (= el padre + la madre).

  Los hermanos bedeutet *Brüder* oder ____________ (= el hermano + la hermana):

  ◆ ¿Tienes hermanos? *Hast du ________________?*

  ◇ Sí, un hermano y una hermana. *Ja, _______________ und _______________.*

Besondere Steigerungsformen

- **Mayor** *(größer)* und **menor** *(kleiner)* sind besondere Steigerungsformen von **grande** und **pequeño/-a** und werden in einem übertragenen Sinn gebraucht:

  Mi hermano **menor** es más grande que yo. *Mein _________ Bruder ist _________ als ich.*

Verben der Gruppe c–zc

	conocer
yo	____________
tú	____________
usted, él, ella	____________
nosotros/-as	____________
vosotros/-as	____________
ustedes, ellos, ellas	____________

- Bei den Verben, die auf **-ecer, -ocer, -ucir** enden, wird in der 1. Person Singular das **c** zu **zc**. Die anderen Personen sind regelmäßig. Weitere Verben, die genauso konjugiert werden, sind **ofrecer**, **parecer**, **aparecer**, **producir**.
- Alle Verben mit dieser Veränderung führen im Wörterverzeichnis des Lehr- und Arbeitsbuchs einen Hinweis *(zc)*.

Das Verb enviar

	enviar
yo	envío
tú	____________
usted, él, ella	____________
nosotros/-as	enviamos
vosotros/-as	enviáis
ustedes, ellos, ellas	____________

- Beachten Sie den Akzent bei einigen Verbformen von **enviar**, um die richtige Betonung zu erhalten.

Der Akkusativ bei Personen mit ‚a'

- Das direkte Objekt steht mit der Präposition **a,** wenn es sich um eine Person handelt:

¿Conoces ____ Roberto Sánchez? Aber: ¿Conoces el museo del Prado?

¿Esperamos ____ Isabel? Aber: ¿Esperamos el autobús?

- Ausnahme: Nach **tener** entfällt die Präposition: Tengo ~~a~~ una hermana.
Ebenso nach **buscar/necesitar**, wenn es sich nicht um eine bestimmte Person handelt:
Buscamos una secretaria. Aber: Busco **a** Isabel.

Substantive als Subjekt oder Objekt

Subjekt:	**Mi padre** no está en casa. **Su coche** no está en el garaje.	¿Quién? ¿Qué?	*Wer?* *Was?*
Indirektes Objekt (Dativ):	Escribo una carta **a mi hermano**.	¿A quién?	_____?
Direktes Objekt (Akkusativ):	No entiendo **al profesor**. Escribo **una carta**.	¿A quién? ¿Qué?	_____? _____?

- Beachten Sie, dass der Dativ im Spanischen immer mit der Präposition **a** steht.

Ya – todavía no

ya = *schon*
todavía no = ____________

◆ ¿Has cambiado el dinero **ya**?
◇ Sí, **ya** lo he cambiado. / No, **todavía no**.

Unidad 9 B

Die Possessivpronomen

- Die Possessivpronomen richten sich in Geschlecht und Zahl nach dem Besitztum.

- Außer in der 1. und 2. Person Plural sind die männlichen und weiblichen Formen gleich:

Singular männlich weiblich	Plural männlich weiblich	
_______ hijo / hija	_______ hijos / hijas	*mein(e)*
_______ hijo / hija	_______ hijos / hijas	*dein(e)*
_______ hijo / hija	_______ hijos / hijas	*Ihr(e), sein(e), ihr(e)*
_______ hijo / _______ hija	_______ hijos / _______ hijas	*unser(e)*
_______ hijo / _______ hija	_______ hijos / _______ hijas	*euer(e)*
_______ hijo / hija	_______ hijos / hijas	*Ihr(e), ihr(e)*

- Ist Ihnen aufgefallen, dass **su** unterschiedliche Bedeutungen haben kann?

Eva y **su** hermano.	*Eva und ________ Bruder.*
Eva y **su** hermana.	*Eva und ________ Schwester.*
Paco y **su** hermano.	*Paco und ________ Bruder.*
Paco y **su** hermana.	*Paco und ________ Schwester.*
Señor Ramos, **su** cuenta.	*Herr Ramos, ________ Rechnung.*
Señores, aquí están **sus** abrigos.	*Meine Herrschaften, hier sind ________ Mäntel.*
Los Vega y **sus** nietos.	*Die Vegas und ________ Enkel.*

- ojo **Señores** kann *Herren* oder *Herr und Frau* heißen.
- ojo Ist Ihnen aufgefallen, dass die Nachnamen im Spanischen keine Pluralform bekommen, wenn sie eine bestimmte Familie bezeichnen? **Los Vega** – *die Vegas*.

Die Relativpronomen ‚que' und ‚donde'

- Man verwendet Relativsätze, um ein Substantiv näher zu bestimmen. Den deutschen Relativpronomen *der, die, das* und *den* entspricht im Spanischen **que**. Es kann sich auf Personen oder Sachen, männliche oder weibliche Substantive, Singular oder Plural beziehen:

Carmen tiene una hermana ______ se llama Laura.	*Carmen hat eine Schwester, die Laura heißt.*
Tiene un hermano ______ vive con su madre.	*Sie hat einen Bruder, der bei seiner Mutter lebt.*
Casares es un lugar ______ no conocemos.	*Casares ist ein Ort, den wir nicht kennen.*

- In Verbindung mit Orten benutzt man **donde**:

Tenemos una casa ______ pasamos las vacaciones.	*Wir haben ein Haus, wo (in dem) wir die Ferien verbringen.*

Frage- und Ausrufewörter

- Die Ausrufewörter tragen ebenso wie die Fragewörter einen Akzent:

Freude äußern

¡________ bien!	*Wie schön!*
¡________ suerte!	*Was für ein Glück!*
¡________ me alegro!	*Das freut mich aber!*

Bedauern äußern

¡________ pena!	*Schade!*
¡________ lástima!	*Wie schade!*
¡________ lo siento!	*Das tut mir aber Leid!*

Überraschung äußern

¿________ me dices?	*Was du nicht sagst!*	¿De verdad?	*Wirklich?*
¡No me digas!	*Sag bloß!*	¡Increíble!	*Unglaublich!*
¡Dios mío! ¿En serio?	*Mein Gott! Im Ernst?*	¡No puede ser!	*Das kann doch nicht sein!*

Unidad 9 C

Personen beschreiben

es				lleva	tiene
gordo/-a	↔	________	simpático/-a	gafas	el ______ largo / corto
________	↔	alto/-a	antipático/-a	bigote	el _____ castaño / negro / blanco
rubio/-a	↔	________	serio/-a	barba	los _____ azules / verdes / negros
________	↔	feo/-a	tímido/-a	sombrero	
joven	↔	________	sociable	vaqueros	

- Beachten Sie:
  Es rubio. / Tiene el pelo rubio. — *Er ist blond. / Er hat blonde Haare.*
  Es moreno. / aber: Tie~~ne el pelo mo~~reno. — *Er ist dunkelhaarig. / Er hat dunkle Haare.*

- Beachten Sie: Bei der Beschreibung von Personen steht nach **tener** der bestimmte Artikel:
  Tiene ____ pelo corto y ____ ojos negros. — *Sie hat kurze Haare und schwarze Augen.*

- Nach **llevar** steht kein Artikel:
  Lleva barba. Lleva sombrero. — *Er hat einen Bart. Er trägt einen Hut.*

Jemanden identifizieren

- Um eine Person oder Sache aufgrund des Aussehens oder bestimmter Merkmale zu identifizieren, verwendet man wie im Deutschen den bestimmten Artikel:
  El gordo. *Der dicke.* ____ alta. *Die große.*

- Beachten Sie im Spanischen die Präposition **de**:
  El señor ~~con el~~ **del** traje / bigote. — *Der Mann mit dem Anzug / Schnurrbart.*
  La chica ~~a~~ **de** la izquierda. — *Das Mädchen auf der linken Seite.*

Der Gebrauch von ‚ser' und ‚estar'

- Zur Erinnerung: Für Definitionen und dauerhafte Eigenschaften verwendet man **ser**. Für vorübergehende, veränderliche Merkmale verwendet man **estar**.

Definition:	**Es** español.
Nationalität:	**Es** de Bogotá.
Herkunft:	**Es** alto y rubio.
Beruf:	**Es** un experto.
Aussehen:	**Es** dinámico.
Charakter:	**Es** ingeniero.

Frage nach dem Befinden einer Person:	**Está** en Madrid.
Ortsangabe:	**Está** soltero.
Familienstand:	¿Cómo **estás**?
Zustand:	**Está** enfermo.

- **ser** + Adjektiv = dauerhafte Eigenschaft: Luis ______ simpático.
  estar + Adjektiv = vorübergehender Zustand: Hoy ______ muy nervioso.

- Ist eine Beschreibung stark subjektiv geprägt, verwendet man auch **estar**. Vergleichen Sie:
  Maribel **es** delgada. — *Maribel ist schlank.*
  Maribel, ¡qué delgada ______! — *Maribel, wie schlank du bist!*

- Der Familienstand kann auch mit **ser** angegeben werden: Juan **está**/**es** casado.

A. ¿Quién es quién en la familia?

1 **a) La familia García.**
Dibuje el árbol con los miembros de la familia. ¿Quién es la persona que los presenta?

1. Mi abuela se llama Antonia.
2. Mi abuelo se llama Julio.
3. Mis abuelos tienen tres hijos.
4. Mi tía Margarita está soltera.
5. Mi tío Juanjo está casado con Silvia y tienen un hijo.
6. Mi mamá se llama Eva y está casada con Gustavo.
7. Mis padres tienen dos hijos: Javier y Verónica.
8. Mi primo se llama Adrián.
9. Mi hermano se llama Javier.
10. Yo soy ____________________.

b) Complete las frases sobre la familia García.

1. Eva y Juanjo son _hermanos_.
2. Javier y Adrián son ______________.
3. Verónica y Javier son los ______________ de Antonia.
4. Juanjo y Silvia son los ______________ de Adrián.
5. Eva y Gustavo son los ______________ de Adrián.
6. Verónica y Javier son los ______________ de Margarita.

2 **Descripciones.**
Relacione las frases con el mismo significado.

1. Ariel es el marido de Clara.	a) Es su hija preferida.
2. Matilde tiene siete hermanos.	b) Está jubilado.
3. Roberto trabaja día y noche.	c) Tiene una familia grande.
4. José Guerra ya no trabaja.	d) Está casado con ella.
5. Carmen no se entiende bien con sus padres.	e) Está enamorada de él.
6. Pedro quiere más a su hija Eva que a Ana.	f) Tiene muchos enemigos.
7. Ana quiere a Roberto.	g) Es muy trabajador.
8. Mucha gente está en contra de Antón Pal.	h) Tiene una relación difícil con ellos.

3 **¿Con o sin 'a'?**

1. Hoy he conocido ____ Pedro, el compañero de trabajo de Lucía.
2. El lunes vamos a visitar ____ mis abuelos.
3. Esta semana he visto ____ la nueva película de Fernando Trueba. ¿Ya la has visto?
4. Tengo ____ dos tíos en Guadalajara y quiero visitarlos pronto.
5. En clase no he entendido ni ____ las tareas para casa ni ____ la profesora.
6. ¿Conoces ____ el Museo de Dalí en Figueras?
7. He encontrado ____ Miguel en el estanco. Os manda muchos saludos.
8. Queremos viajar a Italia y no sabemos si necesitamos ____ el pasaporte.

4 Presentaciones.

Complete los siguientes diálogos en español.

1. ◆ Este es Jorge, un amigo de la escuela.
   ◇ *Hallo! Wie geht's?*
   ____

2. ◆ *Das ist Frau González, eine Kollegin.*
   ____
   ◇ Mucho gusto, señora González.

3. ◆ Carlos, te presento a mi prima Miriam.
   ◇ *Angenehm, Miriam. Wie geht es dir?*
   ____

4. ◆ *Kennen Sie meine Tante Virginia?*
   ____
   ◇ No, todavía no.

5 Pronombres.

Complete las frases con los pronombres adecuados.

1. ◆ ¿Pedimos la carta?
   ◇ ¿Y si esperamos a Ina y ___ pedimos luego?
2. ◆ ¿Me has comprado el periódico, Manuel?
   ◇ Sí. Aquí ___ tienes.
3. ◆ ¿Tú tienes los catálogos de Mercatel?
   ◇ No, ___ tiene Carlos. ¿Para qué ___ necesitas?
4. ◆ ¿Has visto a la tía Lidia en Madrid?
   ◇ Sí, ___ he visitado y hemos salido juntos.
5. ◆ Hoy he conocido a Pedro, el novio de Lucía.
   ◇ ¿Dónde ___ has visto?
6. ◆ ¿Visitas regularmente a tus padres, Claudia?
   ◇ Pues, ___ visito 2 ó 3 veces al año.

6 ¿Cuál es la preposición?

Complete las frases.

con | de | a

1. Lucía está enamorada _____ Ignacio, ¿verdad?
2. Enrique está siempre _____ buen humor.
3. Mi hermano tiene fobia _____ las ratas.
4. La abuela es muy generosa _____ sus nietos.
5. Maruja ha bailado salsa toda la noche _____ Manuel.
6. Nosotros no entendemos nada _____ filosofía.
7. Mis primas tienen una relación muy difícil _____ el abuelo.
8. Hemos escuchado la explicación _____ la tía _____ mucho interés.

7 Formule preguntas con 'usted'.

1. Sí, tengo una hermana y un hermano.
2. No, vivo con mis padres.
3. Sólo la abuela por parte de mi madre.
4. No, me he divorciado este año.
5. ¿Mi hermano? Dos hijos.
6. Dos primos y tres primas.

B. La familia de hoy

1

¿De quién es?
Escriba los pronombres posesivos correctos y la traducción alemana.

1. (*vosotros*) camisas _vuestras camisas_ _eure Hemden_
2. (*yo*) gafas ______ ______
3. (*ellos*) pantalones ______ ______
4. (*tú*) jersey ______ ______
5. (*él*) botas ______ ______
6. (*nosotros*) zapatos ______ ______
7. (*ella*) chaqueta ______ ______
8. (*usted*) traje ______ ______

2

Los posesivos.
Transforme estas frases y utilice los posesivos.

1. El padre (*de Agustín*) es dentista. _Su padre es dentista._
2. Las profesoras (*de nosotros*) son ecuatorianas. ______
3. No he encontrado los libros (*de usted*). ______
4. No conozco a los padres (*de ellos*). ______
5. La tía (*de vosotros*) va a venir el fin de semana. ______
6. Los abuelos (*de Adriana*) viven cerca de la playa. ______
7. El hijo (*de ustedes*) ha estudiado, ¿no? ______

3

Pronombres.
Complete las frases con los pronombres correspondientes.

1. ◆ ¿Qué hacemos hoy?
   ◇ Pues primero _____ ducho y luego salimos a cenar. ¿Qué _____ parece?
2. ◆ ¡_____ llaves! ¿_____ has visto?
   ◇ ¡Siempre el mismo problema! ¿Dónde _____ has puesto?
3. ◆ ¿Qué regalos has tenido en tu cumpleaños, Víctor?
   ◇ _____ padres _____ han regalado un viaje a Italia.
4. ◆ ¿Qué tal _____ vacaciones, señor González?
   ◇ ¡Fatales! No tengo suerte con _____ vacaciones.
5. ◆ ¿Podéis pedir un taxi para _____ tío? Es que no se encuentra bien.
   ◇ No, nosotros _____ llevamos a _____ casa.
6. ◆ Y tú, ¿dónde has pasado _____ vacaciones?
   ◇ En la playa. Allí _____ ha reunido toda _____ familia.

4 Definiciones.

Relacione las palabras con sus definiciones.

1. Es la gente que nace en el mismo período de tiempo.
2. Es la unión legal de dos personas por casamiento.
3. Es la separación legal de dos personas que han estado casadas.
4. Es el porcentaje de niños que nacen por año.
5. Es una persona que no está casada.
6. Es un lugar preparado para vivir en él.

divorcio | soltero/-a | tasa de natalidad | vivienda | generación | matrimonio

5 Los pronombres relativos.

Fotos del viaje familiar a Argentina.
Combine las frases con *que* o *donde*.

1. Esta es mi tía. Ella vive en Argentina. Esta es mi tía que vive en Argentina.
2. Leopoldo tiene un hermano. Él vive en Buenos Aires. ______
3. Esta es la playa de Miramar. Hemos pasado allí unos días. ______
4. Esta es la casa. Hemos alquilado esta casa en Miramar. ______
5. Estos son mis amigos uruguayos. Viven en Córdoba. ______
6. Este es el hotel en Córdoba. Allí hemos pasado una noche. ______

6 Reacciones.

Ordene las expresiones según las siguientes categorías.

¿Qué me dices? ★ ¡Cuánto lo siento! ★ ¡Qué bien! ★ ¡No puede ser! ★ ¡Qué suerte! ★ ¡Qué lástima! ★ ¡Increíble! ★ ¡Cuánto me alegro! ★ ¿En serio? ★ ¡Qué pena! ★ ¡No me digas! ★ ¿De verdad?

Überraschung	Freude	Bedauern

7 **La palabra correcta.**
¡Atención! Estas frases contienen errores. Lea las frases y cambie las palabras **en negrita** por las palabras correctas de la derecha.

1. ¿Cómo se llama **ti** tío?
2. Mis padres no viven juntos, es que están **casados**.
3. Tengo **a** cinco hijos de este matrimonio.
4. ¿Queréis **quedarse** a cenar?
5. **Tus** primas, señor Merlo, son muy simpáticas.
6. La abuela tiene tres **sobrinos** de su único hijo.
7. Darío **está** el padre de Rigoberta.
8. Mi prima Marta es la hija de mi **abuela**.
9. Mi hermano vive **soltero** porque le gusta.
10. Esta es la playa **que** he pasado mis vacaciones.

a) divorciados
b) es
c) tía
d) tu
e) —
f) donde
g) solo
h) sus
i) quedaros
j) nietos

C. Entrar en contacto

1 **Llevar, tener y ser.**
¿Con qué verbo se utilizan estas palabras? Ordénelas.

alto | camiseta blanca | rubio | el pelo corto | gafas | simpático | moreno | los ojos azules | vaqueros | bigote | gordo | chaqueta | sombrero | inteligente | el pelo castaño

llevar	tener	ser

2 **Descripción de personas.**
Mire el dibujo y diga a quién corresponde esta descripción. Escriba la descripción para las otras dos personas.

Lleva un jersey y vaqueros. Tiene el pelo largo y lleva barba. Es joven y guapo.

3 El contrario.

Relacione los contrarios.

1. mayor	a) extrovertido
2. guapo	b) alegre
3. de buen humor	c) delgado
4. introvertido	d) menor
5. moreno	e) de mal humor
6. agradable	f) feo
7. bajo	g) alto
8. nervioso	h) rubio
9. serio	i) desagradable
10. gordo	j) tranquilo

4 ¿Ser o estar?

Complete.

1. Alfonso _____ ingeniero y ahora _____ en Quito por su trabajo. _____ una persona muy sociable y alegre. _____ casado y tiene una hija que _____ muy simpática.

2. Sandra _____ colombiana. _____ profesora de Lenguas en la Universidad de Medellín. Sus estudiantes la respetan y quieren mucho, pero ella _____ frustrada porque no le pagan bien.

3. Paco _____ el hermano de Matilde. _____ moreno como su hermana y _____ mayor que ella. _____ taxista y ahora _____ con su familia en Madrid.

4. Laura ha tenido muchos problemas esta semana y _____ muy nerviosa. En general _____ una chica muy alegre. _____ mi vecina. _____ alta, morena y tiene el pelo corto. _____ soltera.

5 ¿Qué dice usted...?

¿Qué dice usted en español para describir a estas personas?

1. Mein Mann ist klein, blond und pummelig. Er hat kurze Haare und trägt eine Brille. Er hat oft schlechte Laune und manche Leute sagen, dass er unsympathisch ist.

2. Meine Tante ist Lehrerin. Sie ist sehr hübsch, schüchtern und sehr ruhig. Sie ist nicht sehr groß und trägt sportliche Kleidung.

3. Mein Bruder ist sehr intelligent, aufgeschlossen und ernst. Er ist Informatiker, aber zur Zeit hat er keine Arbeit. Er ist sehr groß und schlank und hat einen Schnurrbart.

Rincón profesional

a) Prácticas en una agencia de viajes.
Complete la carta con las formas verbales adecuadas.

gustar ★ necesitar ★ creer ★
poder ★ tener ★ terminar ★
hacer ★ trabajar

b) En esta agencia buscan a una persona con las siguientes cualidades.
Marque en la carta si Kathrin Hagen las tiene.

- flexible
- sociable
- preparado/-a para trabajar en equipo

Agencia del Sur

Estimados señores:

Por la presente me dirijo a ustedes por su anuncio en Internet de esta semana para ____________ tres meses de prácticas en Oviedo.

En el currículum que adjunto ____________ ver que tengo un buen nivel de español y de inglés. ____________ mis estudios este año con muy buenas notas. Además ____________ conocimientos de informática a nivel usuario. Me ____________ trabajar en equipo y también tener contacto con los clientes. Además me gusta viajar y puedo ____________ también los fines de semana. ____________ que tengo las cualidades que ustedes ____________.

En espera de su respuesta, les saluda atentamente,

Kathrin Hagen

Rincón de lectura

Los apellidos en España.
Lea el texto y ponga las frases en el lugar correcto.

☐ Esta terminación *'ez'* significa *'hijo de'*.
☐ Seguramente van a llegar cientos de personas al puesto de información.
☐ Claro que mucha gente no usa sus dos apellidos.

Caminos Online
Los apellidos en España.

¿Por qué no nos imaginamos esta situación? En los grandes almacenes de una ciudad grande anuncian un sábado por la tarde: 'Señor García, por favor preséntese al puesto de información de entrada para recibir el premio de 10.000 euros'. (1) Y todas van a poder decir que se llaman 'García'.
¿Por qué pasa esto? Pues porque, según las estadísticas, el 4% de los españoles lleva este apellido. Eso significa más de un millón de personas. En la lista siguen luego: Fernández, Rodríguez, López y Martínez. Tanto en España como en Latinoamérica hay millones de personas que llevan apellidos que terminan en *'ez'*. (2)

Por suerte para los 'García', el uso de los dos apellidos en España y en algunos países latinoamericanos hace más fácil la identificación: García López o López García son apellidos típicos que se forman de la unión del apellido del padre con el de la madre.
(3) Eso comenta, por ejemplo, el director de cine Almodóvar, que en contra de los deseos de su madre nunca ha usado 'Almodóvar Caballero'. Las decisiones de uso son siempre muy personales.

Unidad 10

Tiempo libre

Lernwortschatz

Lerngrammatik

A ¿Qué están haciendo?
1. Wortschatz: Freizeitaktivitäten
2. *Estar* + Gerundium
3. Das Gerundium
4. Die Ordnungszahlen
5. Die Verneinung mit *no… sino*
6. Das Gerundium

B ¿Vienes con nosotros?
1. Verabredungen
2. *Conmigo, contigo, con él / ella…*
3. Gelenkter Dialog: einen Zeitpunkt vereinbaren
4. Die Bedeutung von *quedar(se)*
5. Redemittel zum Telefonieren
6. Vorschläge für Verabredungen

C Buen fin de semana
1. Wortschatz: Freizeit
2. Der Gebrauch von *poder* und *saber*
3. Mengenbezeichnungen
4. Die Stellung der Pronomen
5. Satzbildung und Pronomen
6. Wortbildung: Substantive und Verben
7. Gebrauch der Präpositionen
8. Dolmetschübung: mieten, reservieren und Eintrittskarten kaufen

Telefongespräche
Die Fassade der Universität

Ein Telefongespräch führen 58
- ◆ ¿Diga? / ¿Dígame?
- ◇ ¿Está el señor Romero?
- ◆ ¿De parte de quién?
- ◇ Soy Emilia Díaz.
- ◆ Se ha equivocado de número.
- ◆ Espere un momento. Ahora se pone.
- ◆ En este momento no está.
- ◆ Está comunicando.
- ◆ ¿Quiere dejar un mensaje?
- ◇ No, gracias, llamo más tarde.
- ◇ Sí, dígale por favor que he llamado.
- ◆ Muy bien, tomo nota.

Etwas vorschlagen 59
- ◆ ¿Cenamos juntos mañana?
- ◆ ¿Vamos a tomar un café uno de estos días?
- ◆ ¿Tienes ganas de jugar al dominó?
- ◆ ¿Vienes conmigo a comer?

Einen Vorschlag annehmen 60
- ◇ Vale, de acuerdo.
- ◇ Sí, perfecto.
- ◇ Sí, claro.
- ◇ Sí, buena idea.

Einen Vorschlag ablehnen 61
- ◇ Lo siento, pero no puedo.
- ◇ Pues no sé, es que…
- ◇ Mejor otro día.
- ◇ Gracias, pero…

Einen Zeitpunkt vereinbaren 62
- ◆ ¿Cuándo quedamos?
- ◇ ¿Qué tal el sábado?
- ◆ Sí, ¿a qué hora quedamos?
- ◇ ¿Qué tal a las nueve?
- ◆ Mejor un poco más tarde.
- ◇ ¿Entonces a las nueve y media?
- ◆ Muy bien.

Einen Treffpunkt vereinbaren 63
- ◆ ¿Dónde quedamos?
- ◇ ¿Qué tal delante del cine?
- ◆ Mejor en tu casa.

Nach Freizeitangeboten fragen 64
- ◆ ¿Se pueden tomar aquí clases de flamenco?
- ◆ Quería una entrada para el concierto.
- ◆ Queríamos alquilar un coche para tres días.
- ◆ ¿Nos puede reservar una mesa para 4 personas?
- ◆ Quería pedir hora en el dentista.
- ◆ ¿Me puede reservar hora para la peluquería?

Um Erlaubnis bitten 65
- ◆ ¿Puedo llevar a mis hijos?
- ◆ ¿Se puede pagar con tarjeta?

Einen Vorgang beschreiben 66
- ◆ ¿Qué estás haciendo?
- ◇ Estoy tocando el saxofón.

Freizeit

el cajero automático
el campo de golf
la cita
la clase de piano
el día festivo
el espectáculo
el guía
la habitación doble
la llamada telefónica
la piscina
la posibilidad
la revista
la visita guiada

Freizeitaktivitäten

alquilar un equipo de golf
bailar
conducir una moto
esquiar
hacer senderismo
jugar a las cartas
jugar al tenis
montar a caballo
nadar
pintar
practicar deporte
salir con amigos
tocar un instrumento
trabajar en el jardín

Aktivitäten
aceptar
ayudar
decidir
dejar una nota
discutir
esperar
proponer
recordar una cosa
reparar
saber

Die Anzahl der Personen
todos
casi todos
la mayoría
algunos
casi nadie
nadie

Die Ordnungszahlen
1° primero
el primer piso
2° segundo
3° tercero
4° cuarto
5° quinto

Adjektive
fascinante
numeroso
público

Tipps zum Vokabellernen

Wörterbucharbeit

Wörterbücher sind ein wichtiges Hilfsmittel, um die Bedeutung neuer Wörter zu erschließen. Wir empfehlen Ihnen vorerst die Benutzung eines zweisprachigen Wörterbuchs. Sie haben sicherlich schon festgestellt, dass Wörterbücher außer der Übersetzung jede Menge nützlicher Informationen enthalten wie z. B. grammatische Angaben, Anwendungsbeispiele, Aussprachehilfen und sogar Verblisten. Je geübter Sie im Umgang mit dem Wörterbuch sind, desto mehr werden Sie davon profitieren.

- Unter welchem Stichwort würden Sie z. B. folgende Wörter suchen: fachadas, trabajas, puedo, quiere?
- Was bedeuten die Abkürzungen, Zahlen und Zeichen in diesen Wörterbuchauszügen?
  - ☐ verschiedene Bedeutungen
  - ☐ männlich
  - ☐ weiblich
  - ☐ Plural
  - ☐ Definition
  - ☐ Übersetzung
  - ☐ Anwendungsbeispiel
  - ☐ ersetzt in Anwendungsbeispielen das Stichwort

① ② ③ ④

Post *f ohne Pl* **1.** *(Institution)* Correos *mpl*; *(Postamt)* (oficina *f* de) Correos *mpl; einen Brief auf die ~ bringen* echar una carta en Correos; **2.** *(Sendung)* correo *m*; *elektronische ~* correo electrónico; *mit getrennter ~* por correo separado

⑤

⑥ ⑦

piso *m* (Fuß-)Boden *m*; Stock *m*, (werk *n*); Geschoss *n*; Wohnung *f*; *(Straße)* Belag *m*, Decke *f*; *~ bajo* Erdgeschoss *n*; *~ principal* erster Stock *m*; *buscar ~* e-e Wohnung suchen

⑧

Wörter umschreiben

Manchmal wissen wir nicht, wie ein Wort auf Spanisch heißt, und wir haben kein Wörterbuch zur Hand. Auch in Ihrer Muttersprache ist es Ihnen sicherlich schon manchmal passiert, dass Ihnen in einem Gespräch ein Wort nicht einfiel. Wie haben Sie sich in dieser Situation beholfen? In der Fremdsprache können Sie dieselben Strategien anwenden:

- Sie können das Wort umschreiben, z. B. mit Wörtern ähnlicher oder gegenteiliger Bedeutung ("Es / No es...")
- oder sagen, wie es aussieht ("Es..."), woraus es besteht ("Es de..."), wozu es dient ("Es una cosa que sirve para...") etc.
- oder Beispiele geben ("Por ejemplo...")
- oder ein Wort erfinden, z. B. durch Ableitung von anderen Wörtern,
- oder ein Wort aus einer anderen Sprache benutzen
- oder eine Zeichnung anfertigen
- oder ein Wort durch Gestik und Mimik verdeutlichen.

Wie würden Sie z. B. „Socken" oder „Handball" auf Spanisch beschreiben?

Unidad 10 A

Das Verb ‚jugar'

	jugar
yo	___________
tú	___________
usted, él, ella	___________
nosotros/-as	___________
vosotros/-as	___________
ustedes, ellos, ellas	___________

- Bei **jugar** ändert sich der Stammvokal in den stammbetonten Formen von **u** zu **ue**. Die Endungen sind regelmäßig. Vergleichen Sie die Konjugation mit der von **almorzar** in Unidad 5.

Das Gerundium

- Man verwendet **estar + Gerundium**, um eine Handlung zu beschreiben, die gerade stattfindet:

  Estoy escribiendo una carta. *Ich schreibe gerade einen Brief.*

- Vergleichen Sie auch mit der englischen **-ing**-Form: *I am writing a letter.*

- Man bildet das Gerundium durch Anhängen der Endung **-ando** bzw. **-iendo** an den Verbstamm:

Verben auf **-ar**	Verben auf **-er**	Verben auf **-ir**
hablar → habl_____	beber → beb_____	disutir → discut_____

- Einige Verben, die Sie mit Vokaländerung kennen gelernt haben, haben auch ein unregelmäßiges Gerundium:

  pedir → p**i**diendo
  decir → d**i**ciendo
  venir → v**i**niendo
  preferir → pref**i**riendo
  poder → p**u**diendo
  dormir → d**u**rmiendo

- Trifft die Endung **-iendo** mit einem Vokal zusammen, so schreibt man stattdessen **-yendo**:

  leer → leyendo oír → oyendo ir → yendo

- Pronomen können in Verbindung mit dem Gerundium entweder vor **estar** stehen oder an das Gerundium angehängt werden. In dem Fall trägt die Gerundiumkonstruktion einen Akzent, damit die ursprüngliche Betonung erhalten bleibt:

  Me estoy duchando. – Estoy duchándo**me**.

  Lo está mirando. – Está _______________.

Ordnungszahlen

1°	primero
2°	__________
3°	__________
4°	__________
5°	__________
6°	__________

- Man verwendet die Ordnungszahlen in der gesprochenen Sprache höchstens bis 10. Darüber hinaus gebraucht man die entsprechenden Grundzahlen: la lección doce *(die zwölfte Lektion)*.
- Ordnungszahlen werden wie Adjektive verändert:

  el quint___ piso, la segund___ calle.
- **Primero** und **tercero** werden vor männlichen Substantiven im Singular verkürzt:

  el **primer / tercer** piso; aber: la primer___ / tercer___ calle.
- Nach Ordnungszahlen steht im Spanischen kein Punkt, sondern die Endung der Ordnungszahl:

  el 1er (prim___) capítulo, el 2° (segund___) piso, la 2ª (segund___) calle.

Unidad 10 B

Diga / Dígame

- In Spanien meldet man sich am Telefon mit **Diga** oder **Dígame** *(Sagen Sie / Sagen Sie mir)*. Hierbei handelt es sich um den Imperativ (Befehlsform) von **decir**.

Betonte Objektpronomen

a sin para	**mí**	*mir, mich*	**conmigo**
	________	*dir, dich*	________
	________	*Ihnen, Sie*	con usted
	________	*ihm, ihn*	con él
	________	*ihr, sie*	con ella
	________	*uns*	con nosotros/-as
	________	*euch*	con vosotros/-as
	________	*Ihnen, Sie*	con ustedes
	________	*ihnen, sie*	con ellos
	________	*ihnen, sie*	con ellas

- Sie kennen die betonten Objektpronomen schon aus Unidad 6. Man verwendet sie zur Hervorhebung oder in Verbindung mit Präpositionen:

  A **mí** me gusta esta canción, pero a **él** no.
  Para **mí** no es difícil, ¿y para **usted**?

- **Tipp:** Die betonten Objektpronomen sind fast alle identisch mit den Subjektpronomen, mit Ausnahme von **mí** und **ti**.
- In Verbindung mit der Präposition **con** bilden die ersten beiden Personen eine Ausnahme:

  con + mí → __________, **con** + ti → __________.

Quedar(se)

- **Quedar** hat verschiedene Bedeutungen:

sich verabreden / treffen:	Esta falda me **queda** muy larga.
passen / sitzen:	**Quedan** 2 entradas para el concierto.
übrig sein:	¿Dónde **quedamos**?

- **Quedarse** bedeutet __________: Hoy **me quedo** en casa.

¿Qué tal?

- Sie kennen bereits die Frage ¿**Qué tal**?, um sich nach dem Befinden *(Wie geht's?)* oder nach dem Essen *(Wie schmeckt ...?)* zu erkundigen. Man verwendet sie auch, um Vorschläge zu machen:

¿Cuándo quedamos? – ¿**Qué tal** mañana? *Wann treffen wir uns? – Wie wäre es morgen?*

¿**Qué tal** delante del cine? ______________ *vor dem Kino?*

Mejor

- Beachten Sie: **Mejor** ist die Steigerung von **bien**:

Mejor el viernes. *Besser am Freitag.*

Unidad 10C

Der Gebrauch von ‚poder' und ‚saber'

- Dem deutschen *können* entsprechen die spanischen Verben **poder** und **saber**, je nachdem ob es sich um eine Möglichkeit, Erlaubnis oder Fähigkeit handelt:

Möglichkeit:	¿**Sabes** esquiar?	*Kannst du Ski fahren?*
Erlaubnis:	Lo siento, el lunes no **puedo**.	*Tut mir Leid, am Montag kann ich nicht.*
Fähigkeit:	¿**Puedo** pagar con tarjeta?	*Kann ich mit Kreditkarte bezahlen?*

- Das deutsche *wissen* wird mit **saber** wiedergegeben:

Wissen: ¿**Sabes** dónde está Correos? *Weißt du, wo das Postamt ist?*

Mengenbezeichnungen

todos/-as	___________
___________	*fast alle*
la mayoría	___________
___________	*viele*
algunos/-as	___________
___________	*wenige*
casi nadie	___________
___________	*niemand*

- Beachten Sie: Nach **la mayoría** und Prozentzahlen steht das Verb normalerweise im Singular:

  Los españoles cenan muy tarde.
  La mayoría / El 80 % ________ entre las nueve y las diez.

Die Stellung der Pronomen

- Zur Erinnerung: Die Objekt- und Reflexivpronomen stehen normalerweise _____ dem konjugierten Verb, auch in verneinten Sätzen:

  ¿No **te** gusta el pescado? Ya **lo** he comprado.

- Beim Infinitiv werden sie jedoch ____________:

  Necesito una hora para preparar**lo**.

- In Verbindung mit Hifsverben + Infinitiv, **ir a** + Infinitiv oder Gerundium können sie vorgestellt oder angehängt werden:

  Lo tengo que preparar. – Tengo que preparar**lo**.

  Lo vamos a comer. – ____________________.

  ____________________. – Estoy preparándo**lo**.

- Beachten Sie den Akzent auf der Gerundiumkonstruktion, damit die ursprüngliche Betonung erhalten bleibt.

A. ¿Qué están haciendo?

1

Actividades diarias.
Combine. Hay varias posibilidades.

ir		amigos
cenar		una exposición
salir	a	copas
jugar	con	música
tocar	de	un restaurante
hablar	en	teléfono
visitar	por	el piano
escuchar	—	deporte
hacer		la televisión
ver		las cartas

2

'Estar' + gerundio.
Complete las frases con la forma correcta de *estar* y el gerundio.

1. ◆ María, ¿está Carlos?
   ◇ Sí, (*ver*) ______________ un partido de fútbol.
2. ◆ ¿Dónde están los niños, Paula?
   ◇ (*jugar*) ________________ en el jardín.
3. ◆ Gustavo, la tele está muy alta y Elena (*dormir*) ________________.
   ◇ ¡No! ¡Qué va! Si (*leer*) ________________.
4. ◆ ¡Hola Julia! Dime, ¿está Javier en casa?
   ◇ Sí, pero (*ducharse*) ________________. ¿Quieres dejarle un recado?
5. ◆ ¿Está la señora Gómez Alarcón?
   ◇ Sí, pero ahora (*mostrar*) ________________ la fábrica a unos clientes.
6. ◆ ¿Venís con nosotros de excursión este fin de semana?
   ◇ No podemos, es que (*pintar*) ________________ las habitaciones de los niños.

3

¿Qué están haciendo?
Escríbalo.

Está trabajando en el jardín.

4 **a) ¿A qué planta va?**
En la universidad. ¿A qué planta va si…?

1. … si usted quiere buscar un libro?
 Voy a la segunda planta.
2. … si quiere tomar un café?
 ______
3. … si tiene hoy seminario de alemán?
 ______
4. … si va a la clase de literatura española?
 ______
5. … si quiere dejar un recado para un profesor de francés?
 ______
6. … si quiere escuchar a una persona que da una conferencia?
 ______

5°	Departamento de Alemán Departamento de Inglés Aulas 21–30
4°	Departamento de Lenguas Románicas (Italiano, Francés, Portugués) Aulas 11–20
3°	Departamento de Lengua Española Instituto Oficial de Idiomas Aulas 1–10
2°	Biblioteca Sala de conferencias
1°	Secretaría Cafetería

b) Relacione.

6°	noveno
7°	octavo
8°	sexto
9°	décimo
10°	séptimo

5 **No… sino…**
Complete las frases según en el modelo.

1. señor Gil / trabajar / Madrid (Vigo)
 El señor Gil no trabaja en Madrid, sino en Vigo.
2. niños / visitar / mañana /abuelos (tíos)
 ______
3. Emilia / ir a estudiar / Matemáticas (Química)
 ______
4. catedral /estar / cerca / plaza (parque)
 ______
5. Adriana / querer / comprar / falda azul (vestido rojo)
 ______
6. carta / estar / sobre / mesa (silla)
 ______

6 **¿Qué están haciendo?**
Describa el dibujo.

B. ¿Vienes con nosotros?

1 **Quedar con una persona.**
Relacione las preguntas y respuestas.

1. ¿Qué tal si vamos a bailar el jueves?
2. ¿Nos vemos el fin de semana?
3. ¿Vienes conmigo esta noche al cine?
4. ¿Tienes ganas de tomar algo mañana?
5. ¿Vamos a la fiesta de Tina este martes?
6. ¿Quieres venir a la exposición de Miró?

a) No, los martes tengo clases. Lo siento.
b) ¿En el Museo de Arte? ¡Sí, claro!
c) ¡Buena idea! ¿Y a qué discoteca vamos?
d) No, mañana no, es que tengo otra cita.
e) ¡Sí! ¿Quedamos delante del cine?
f) No sé, es que el sábado trabajo.

2 **Conmigo, contigo, con él / ella...**
Escriba la forma adecuada en cada frase.

1. Todavía no le he preguntado a Fabián si viene __________ a la piscina. Si no, voy solo.
2. Yo voy __________ al cine hoy pero tú vienes __________ al teatro mañana.
3. ¿Sales esta noche ____________? Queremos ir a casa de Pepa.
4. Los chicos van esta noche al estadio. ¿Y tú? ¿Vas __________?
5. Mañana llega el director de Asal. ¿A qué hora te reúnes __________?
6. Maite, tengo ganas de ir a la playa. ¿Vienes __________?

3 ¿Quedamos…?

Complete el diálogo en español.

Heute kann ich nicht, denn ich gehe ins Kino.

Einverstanden. Wann treffen wir uns?

Lieber etwas später. Wie wäre es um 9?

◆ Oye, ¿qué tal si vamos a tomar algo hoy?

◇ ______________________________

◆ ¿Y qué tal el viernes?

◇ ______________________________

◆ ¿Ta va bien a las ocho y media?

◇ ______________________________

◆ Me parece bien. ¡Hasta el viernes!

4 Quedar(se).

Marque en cada frase el significado de quedar(se):
a) sich verabreden / treffen, b) passen / sitzen, c) übrig sein, d) bleiben

☐ 1. ¿Qué tal si quedamos delante del teatro?
☐ 2. ¿Le queda “El País”? Aquí no lo veo.
☐ 3. No, no me gustan, me quedan muy estrechos.
☐ 4. Hoy no quedan rosas, pero mañana llegan más.
☐ 5. No quiero ir con vosotros, prefiero quedarme y trabajar.
☐ 6. Mi marido tiene que quedarse hasta las ocho en la oficina.

5 Al teléfono.

Relacione las frases.

1. Así empiezan muchas llamadas teléfonicas.
2. La persona que llama quiere hablar con otra persona.
3. La persona al teléfono quiere saber el nombre de la persona que llama.
4. La persona que llama dice su nombre.
5. La persona al teléfono pregunta si tiene que tomar nota de la llamada.
6. Hay un error en el número de teléfono.

a) ¿Quiere dejar un recado?
b) ¿Está Esteban?
c) ¿Diga?
d) Soy Alicia.
e) No, no es aquí. Se ha equivocado.
f) ¿De parte de quién?

In Spanien meldet man sich am Telefon nicht mit dem Namen, sondern mit *¿Diga?* oder *¿Dígame?*

6 Citas.

Formule preguntas usando la forma *tú*.

1. Lo siento, pero Isabel en este momento no está.
2. ¿Qué tal a las siete y media?
3. ¿Qué tal delante del estadio?
4. Mejor a las ocho.
5. No, gracias. Prefiero llamar más tarde.
6. Lo siento, es que no me gusta el tenis.
7. Hoy no puedo. ¿Qué tal si cenamos juntos mañana?
8. ¿Al cine? No puedo, es que esta noche me quedo con los niños.

C. Buen fin de semana

1

Definiciones.
Relacione las siguientes palabras con sus definiciones.

el tapeo ★ el senderismo ★ el/la guía ★ la guardería ★ la visita guiada

1 Persona que va con los visitantes en un viaje y les da las informaciones correspondientes.
2 Actividad al aire libre. Caminar, ir por caminos estrechos en la montaña.
3 Ruta por distintos bares para tomar tapas.
4 Visita a un lugar dirigida por un guía.
5 Lugar donde se quedan los niños muy pequeños cuando sus padres no pueden estar con ellos.

el/la guía = Reiseleiter/
la guía = Reiseführer

2

¿Poder o saber?
Complete las frases con el verbo correspondiente.

1. Hoy no _______ ir a gimnasia, es que tengo una cita con un cliente hasta muy tarde.
2. Mi hermano es fantástico, _______ reparar de todo: lavadoras, vídeos…, de todo.
3. Perdona Raúl, ¿_______ cómo funciona este móvil? ¿Me lo _______ explicar?
4. Tengo que ir a un cajero automático porque en esta librería no _______ pagar con tarjeta.
5. No me gusta ir con los niños a la piscina porque todavía no _______ nadar bien.
6. Mi abuela no tiene muchos electrodomésticos porque no _______ usarlos.

3

¿Cuántas personas?
Ordene las palabras según la cantidad de personas.

muchas ★ todas ★
algunas ★ nadie ★
la mayoría ★ varias ★
casi todas ★
casi nadie

4

Los pronombres.
Cambie las frases utilizando los pronombres correspondientes.

1. ◆ Martina, ¿dónde has puesto los libros?
   ◇ He puesto **los libros** en el bolso negro.
   Los he puesto _______________

2. ◆ ¿Cómo quiere el agua?
   ◇ Voy a tomar **el agua** fría.
   ____

3. ◆ ¿Conoces a mi profesora de español?
   ◇ No, no conozco **a tu profesora**.
   ____

4. ◆ Voy a preparar unos bocadillos.
   ◇ Ya estoy preparando **los bocadillos**.
   ____

5. ◆ ¿Has enviado las postales?
   ◇ No, quiero enviar **las postales** mañana.
   ____

6. ◆ ¿Me has traído el libro de Borges?
   ◇ No. Tengo **el libro** en casa.
   ____

5 Los pronombres.

Forme frases utilizando el perfecto, el gerundio o *ir a* + infinitivo.

1. ducharse / yo (*gerundio*) Yo me estoy duchando. / Yo estoy duchándome.
2. ¿usted / mañana / reunirse / con / un cliente? (*ir a*) ____________________
3. levantarse / hoy / no / a las siete / nosotros (*perfecto*) ____________________
4. escribir / una carta / te / la próxima semana / yo (*ir a*) ____________________
5. ¿aburrirse / ahora / tú? (*gerundio*) ____________________
6. ellos / regalar / a Jorge / le / un CD / hoy (*perfecto*) ____________________

6 Sustantivos y verbos.

Complete con el sustantivo o verbo correspondiente.

la escritura	____________
____________	anunciar
el nacimiento	____________
____________	entrar
el juego	____________

la búsqueda	____________
____________	informarse
____________	viajar
la visita	____________
la práctica	____________

7 Preposiciones.

Complete las frases con la preposición adecuada.

1. ¿Me puede reservar una habitación ______ ducha?
2. No tengo equipo ______ golf. ¿Se puede alquilar aquí?
3. Quería reservar dos entradas ______ el partido ______ fútbol.
4. Vamos a comprar las entradas ______ el concierto.
5. ¡Camarero! ¿Tiene una mesa ______ dos personas?
6. Voy a clases ______ tango. Me gusta mucho.
7. No, ahora no puedo, es que tengo hora ______ el médico.
8. ¿Queréis alquilar el coche ______ una semana?

8 ¿Qué dice usted…?

Was sagen Sie, wenn …

1. … Sie zwei Eintrittskarten für das Konzert kaufen möchten?
2. … Sie einen Termin beim Friseur vereinbaren möchten?
3. … Sie ein Doppelzimmer mit Dusche reservieren möchten?
4. … Sie ein Auto für drei Tage mieten möchten?
5. … Sie einen Tisch für vier Personen reservieren möchten?
6. … Sie dienstags Tennisstunden nehmen möchten?

Rincón profesional

Dos llamadas telefónicas.
Aquí tiene dos llamadas telefónicas: una informal y otra formal.
Léalas y ponga las frases del cuadro en el lugar adecuado.

1.
◆ ¿Diga?
◇ ¿Alicia? Soy Rafael.
◆ ¡Hola Rafael! ¿Qué tal?
◇ Bien, bien. ☐
◆ Sí, claro. ¿Cuándo quedamos?
◇ ☐
◆ Mejor un poco más tarde. ☐
◇ Vale. Quedamos a las nueve.
◆ Hasta luego.

1. Mejor mañana por la mañana.
2. ¿Te va bien a las ocho?
3. ¿Quiere dejarle un recado?
4. ¿De parte de quién?
5. ¿Qué tal a las nueve?
6. ¿Tienes ganas de salir hoy?

2.
◆ ¿Dígame?
◇ El señor Alonso, por favor.
◆ ☐
◇ Soy Ana Ramos.
◆ El señor Alonso está en una reunión. ☐
◇ Sí. Quería hablar con él sobre los catálogos.
◆ Bien. Le dejo el recado y él la llama por la tarde.
◇ ☐
◆ De acuerdo. He tomado nota.
◇ Muchas gracias.
◆ Adiós.

Rincón de lectura

a) Se busca rana.
Lea las partes de este texto y ordénelas.

b) Marque las informaciones más importantes sobre la rana.

Otros dicen que, como la rana está sobre una calavera*, representa la muerte o, mejor dicho, que la vida es muy corta. Muchos estudiantes y turistas pasan largo tiempo buscándola. Y no es fácil encontrarla.
La fachada de la Universidad de Salamanca, que es una de las cuatro universidades más antiguas de Europa, es del siglo XIV

* Totenkopf

Miles de ojos buscan día a día una rana en la fachada de la Universidad de Salamanca. La tradición popular dice que la rana trae suerte a los estudiantes en los exámenes o que simplemente trae suerte. Hay muchas teorías sobre esta rana. Algunos dicen que la rana es la firma* anónima del escultor de la fachada.

* Unterschrift

Pero para cada motivo de la fachada hay una explicación, y a veces los estudiantes de Salamanca ofrecen explicaciones sobre la fachada a los turistas por unos pocos céntimos o euros.
¿Quiere saber dónde está la rana? En el lado derecho de la fachada hay tres calaveras y sobre la calavera de la izquierda está la famosa rana.
¿Por qué no va a Salamanca para buscarla?

y es hoy uno de los símbolos de la ciudad. La fachada es de piedra y muchos visitantes que la observan creen que es un caos: tiene representaciones mitológicas, decoraciones florales, reyes y muchos otros motivos, todo en estilo renacentista y plateresco.

Caminos Online ¿Le interesa Salamanca?

Unidad 11

De viaje

Lernwortschatz

Lerngrammatik

A Lo principal es descansar
1. Wortschatz: Reisen
2. Die Monatsnamen
3. Datumsangaben
4. Sätze mit *lo (más / menos)* und *lo que*
5. Wortschatz: Reisen
6. Wortbildung: Verben, Adjektive und Substantive
7. Gelenkter Dialog: eine Reise buchen
8. Reiseangebote
9. Redemittel am Telefon und im Brief
10. Typische Fehler deutschsprachiger Lerner

B ¿Qué tiempo hace?
1. Wortschatz: Wetter
2. Bauernregeln
3. Die Himmelsrichtungen
4. Wortbildung: Substantive und Verben
5. Das Wetter und die Jahreszeiten

C Volver al pasado
1. Das Indefinido: Verbformen
2. Das Indefinido: Biographie
3. Das Indefinido
4. Der Gebrauch von Indefinido und Perfekt
5. Zeitmarker für Indefinido und Perfekt
6. Das Indefinido: Reisebericht

Schriftliche Reservierung
Ein Reisetagebuch

Eine Reise buchen 67
- Quería hacer una reserva para un viaje a Perú.
- ¿Hay vuelos directos?
- Queríamos un hotel no muy caro.
- ¿Nos puede reservar una habitación doble?
- ¿Tiene folletos de Perú?
- ¿Qué nos recomienda?

Was im Urlaub wichtig ist 68
Lo principal es descansar.
Lo más importante es tener un buen hotel.
Lo que más me interesa es la cultura.

Über das Wetter reden 69
- ¿Qué tiempo hace en Madrid?
- ◇ Hace calor.
- ◇ Hace 40 grados.
- ◇ Hace frío.
- ◇ Hace un grado bajo cero.
- ◇ Hace sol.
- ◇ Hace buen tiempo.
- ◇ Hace mal tiempo.
- ◇ Hace viento.
- ◇ Hay niebla.
- ◇ Hay chubascos.
- ◇ Hay tormenta.
- ◇ Está nublado.
- ◇ Llueve.
- ◇ Nieva.

Über Vergangenes sprechen 70
- ¿Dónde pasaste tus vacaciones?
- ◇ Esquié dos semanas en los Pirineos.

Der Wetterbericht
el pronóstico del tiempo
la temperatura
la lluvia
la nieve
la nube
el clima mediterráneo

Zeitangaben, um über die Vergangenheit zu sprechen
ayer
el verano pasado
en 1999
por última vez

Die Jahreszeiten
la estación del año
la primavera
el verano
el otoño
el invierno

Die Monatsnamen
enero
febrero
marzo
abril
mayo
junio
julio
agosto
septiembre
octubre
noviembre
diciembre

Die Himmelsrichtungen
el norte
el sur
el este
el oeste

Freizeit und Reisen
la altura
la aventura
la confirmación del vuelo
la decisión
el descanso
la especialidad
la experiencia
el extranjero
el folleto
la ida
la vuelta
el interés
la llegada
el medio de transporte
el palacio
la salida
la torre
la tradición
el viaje organizado
el vuelo directo
la zona

Die Unterkunft
el alojamiento
el aire acondicionado
el albergue juvenil
el balcón
el baño

el cámping
la ducha
el garaje
la habitación individual
el hotel de lujo
el hotel de tres estrellas
el minibar
la media pensión
la pensión completa
la vista al mar

Landschaftsbezeichnungen
el bosque
el desierto
la isla
el lago
la naturaleza
el paisaje

Adjektive
activo
amable
bienvenido
buenísimo
cada…
estupendo
excelente
fácil
hermoso
importante
imposible
libre
maravilloso
pasado
riquísimo
seco
sencillo
único

Adverbien
lamentablemente
realmente

Aktivitäten
acordarse
agradecer
confirmar la reserva
construir
contar
disfrutar de la naturaleza
durar
enseñar
incluir
ir de excursión
ir de vacaciones
ofrecer
organizar
pescar
recomendar
recorrer el país
tomar el sol
utilizar

Einen Brief beginnen
Estimado señor Vega:
Estimada señora:
Estimados señores:
Señoras y señores:
Según sus deseos…

Einen Briefschluss einleiten
Le agradecemos su interés.
Esperamos su visita.
Esperando su respuesta…
Nos vemos pronto.

Einen Brief beenden
Atentamente.
Les saludamos atentamente.
Cordiales saludos.
Un fuerte abrazo.

Tipp zum Vokabellernen

Ich-Wortschatz
Wie Sie gesehen haben, gibt es viele Möglichkeiten, Wörter zu lernen. Eine haben wir für das Ende reserviert, weil sie eine sehr persönliche Art darstellt. Emotionen sind ein wichtiges Prinzip für die Organisation unserer Wortnetze und es ist bekannt, dass wir Wörter besser behalten, wenn Sie für uns eine Bedeutung haben oder uns persönlich interessieren.

Erstellen Sie Ihren Ich-Wortschatz:

Cómo es/son…
- mi familia y mis amigos
- mi carácter
- mi aspecto físico
- mi trabajo
- mis hobbies
- mi ciudad
- mis vacaciones

Unidad 11 A

Der Artikel ‚lo'

- **Lo** dient zur Substantivierung von Adjektiven:

Lo principal es descansar.	*Die Hauptsache ist, sich auszuruhen.*
Lo más importante es la playa.	______________ *ist der Strand.*

- **Lo que** entspricht dem deutschen *(das,) was*:

Lo que necesitas es un móvil.	____________________ *ist ein Handy.*
Lo que más me interesa es la cultura.	____________________ *ist die Kultur.*

Das Datum

- Bei Datumsangaben werden im Spanischen Grundzahlen verwendet:

Hoy es el ____ de enero.	*Heute ist der 2. Januar.*

- Zwischen Tag und Monat bzw. Monat und Jahr steht die Präposition **de**:

El trece ____ julio ____ 2006.	*Der 13. Juli 2006.*

- Vor dem Datum steht der Artikel **el**, aber im Gegensatz zum Deutschen keine Präposition:

Nos vemos ____ seis de mayo.	*Wir sehen uns am 6. Mai.*

- Beim Datum im Briefkopf entfällt **el**:

Madrid, 20 de marzo de 2007	*Madrid, den 20. März 2007*

- **Tipp:** Die Jahreszahlen werden (im Gegensatz zum Deutschen) wie alle anderen Zahlen gelesen:

1990 = mil novecientos noventa	*neunzehnhundertneunzig*

Einen Brief beginnen

- Zur Erinnerung: Einen Brief an eine/n Freund/in oder Bekannte/n beginnt man mit:

Querido Gerardo:	*Lieber Gerardo,*
__________ Pepa:	*Liebe Pepa,*

- Einen formellen Brief beginnt man mit:

Estimado señor (García):	*Sehr geehrter Herr García,*
__________ señora (Romero):	*Sehr geehrte Frau Romero,*

- Einen Brief, der an mehrere Personen gerichtet ist, beginnt man mit:

Estimados señores: / Señoras y señores:	____________________,

- Ojo Im Spanischen steht nach der Anrede ein Doppelpunkt. Danach wird groß weiter geschrieben.

Einen Brief beenden

- Zur Erinnerung: Einen Brief an eine/n Freund/in beendet man mit:

Un beso,	*Ein Kuss / Liebe Grüße*
Un (fuerte) abrazo,	*Eine (feste) Umarmung / Herzliche Grüße*

- Einen Brief an eine/n Bekannte/n beendet man mit:

Cordiales saludos,	*Mit freundlichen / herzlichen Grüßen*

- Einen formellen Brief beendet man mit:

Atentamente,	*Mit freundlichen Grüßen / Hochachtungsvoll*
Le(s) saluda atentamente,	*Es grüßt Sie hochachtungsvoll*

- ojo Im Spanischen steht nach der Grußformel ein Komma.
- ojo In dieser Floskel steht das Gerundium ohne **estar**:

Esperando su respuesta, le(s) saluda…	*In Erwartung Ihrer Antwort grüßt Sie …*

Unidad 11 B

Das Wetter

- Viele Angaben zum Wetter macht man mit **hacer**:

◆ ¿Qué tiempo ______?	*Wie ist das Wetter?*
◇ ______ frío.	*Es ist kalt.* (wörtlich: *Es macht Kälte.)*

Hace	buen tiempo.	________________.		
	____________.	*Das Wetter ist schlecht.*	Hay niebla.	________________.
	sol.	________________.	____________.	*Es gibt ein Gewitter.*
	____________.	*Es ist warm.*	Hay chubascos.	________________.
	frío.	________________.	____________.	*Es ist bewölkt.*
	____________.	*Es sind 30 Grad.*	Llueve.	________________.
	1 grado bajo 0.	________________.	____________.	*Es schneit.*
	____________.	*Es ist windig.*		

- Zur Erinnerung: Die Adjektive **bueno** und **malo** werden zu ______ und ______ verkürzt, wenn sie vor einem männlichen Substantiv im Singular stehen: Hace **buen** / **mal** tiempo.

Die Himmelsrichtungen

- Beachten Sie bei den Himmelsrichtungen die Präposition:

Málaga está **en** el sur de España.	*Málaga ist im Süden von Spanien.*
Toledo está **al** sur de Madrid.	*Toledo liegt südlich von Madrid.*

Das Verb continuar

	continuar
yo	contin**ú**o
tú	________
usted, él, ella	________
nosotros/-as	continuamos
vosotros/-as	continuáis
ustedes, ellos, ellas	________

- Beachten Sie den Akzent bei einigen Verbformen von **continuar**, um die richtige Betonung zu erhalten.

Unidad 11 C

Das Indefinido

	Verben auf **-ar**	Verben auf **-er**	Verben auf **-ir**	**ser / ir**
yo	pas**é**	comí	viví	**fui**
tú	________	________	________	________
usted, él, ella	________	________	________	________
nosotros/-as	________	________	________	________
vosotros/-as	________	________	________	________
ustedes, ellos/-as	________	________	________	________

- **Tipp:** Die Verben auf **-er** und **-ir** haben im Indefinido dieselben Endungen.

- Ist Ihnen aufgefallen, dass bei den Verben auf **-ar** und **-ir** die 1. Person Plural (pasamos, vivimos) identisch ist mit der Präsensform? Durch den Zusammenhang wird klar, um welche Zeit es sich handelt:

  Hasta 2001 **vivimos** en México. — *Bis 2001 ________ wir in Mexiko.*

  Hoy **vivimos** en España. — *Heute ________ wir in Spanien.*

- Die Verben **ser** und **ir** sind unregelmäßig und haben im Indefinido dieselben Formen. Auch hier wird durch den Zusammenhang klar, um welches Verb es sich handelt:

  El año pasado **fui** a Guatemala. — *Letztes Jahr ________ ich nach Guatemala.*

  Fue un viaje maravilloso. — *Es ________ eine wunderbare Reise.*

- Beachten Sie, dass sich bei Verben, deren Stamm auf **-z**, **-c** oder **-g** endet, in der 1. Person die Rechtschreibung ändert, damit die Aussprache erhalten bleibt:

  empezar → empe**c**é (aber: empezaste, empezó...)

  buscar → bus**qu**é (aber: ________, ________...)

  llegar → lle**gu**é (aber: ________, ________...)

- Ein unbetontes **i** zwischen zwei Vokalen wird zu **y**:
  leer → le**y**ó, le**y**eron (aber: leí, leíste...)

➤ Weitere unregelmäßige Verben lernen Sie in Band 2 kennen.

Der Gebrauch von Indefinido und Perfekt

- Sie kennen nun zwei Vergangenheitszeiten im Spanischen: das Indefinido und das Perfekt.

- Man verwendet das **Indefinido** für Ereignisse innerhalb eines Zeitraums der Vergangenheit, den der Sprecher als abgeschlossen betrachtet. Daher steht es häufig mit Zeitangaben wie **ayer, el domingo (pasado), la semana pasada, el año pasado, en 1998**:

  Ayer **encontré** a Maribel. *Gestern habe ich Maribel getroffen.*

- Zur Erinnerung: Man verwendet das **Perfekt** für Ereignisse innerhalb eines Zeitraums der Vergangenheit, den der Sprecher als noch nicht abgeschlossen betrachtet.

- Über den Gebrauch des Indefinido und des Perfekts entscheidet nicht die objektiv vergangene Zeit, sondern die persönliche Haltung der Sprecher. So kann ein weiter zurückliegendes Geschehen aus der Sicht eines Sprechers einen so engen Bezug zur Gegenwart bekommen, dass er das Perfekt verwendet, während er ein Geschehen vom Vortag im Indefinido darstellt:

  Este año he pasado mis vacaciones en Mallorca.
  En julio pasé mis vacaciones en Mallorca.
  Ayer compré un traje nuevo.

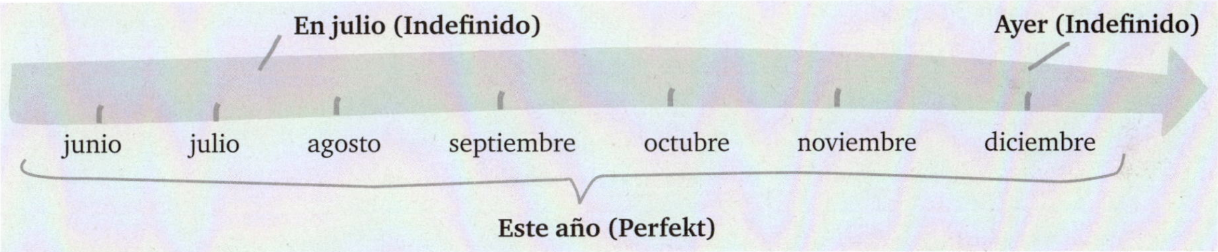

- Diese Erklärungen geben Ihnen einen Anhaltspunkt zum Gebrauch der beiden Zeiten.
  ➤ In Band 2 werden Sie den Gebrauch des Indefinido noch genauer kennen lernen.

- In Lateinamerika wird das Indefinido übrigens viel häufiger gebraucht als in Spanien.

Zeitmarker für Indefinido und Perfekt

- Wie Sie gesehen haben, gibt es bestimmte Zeitangaben, die nur mit einer der beiden Zeiten verwendet werden. Können Sie sie zuordnen?

ayer ★ hoy ★ este año ★ la semana pasada ★ todavía no ★ este verano ★
el jueves (pasado) ★ nunca ★ en 1999 ★ este jueves ★ el verano pasado ★
alguna vez ★ esta semana ★ el año pasado

Indefinido: ayer, ______________________________

Perfekt: hoy, ______________________________

A. Lo principal es descansar

1 **Un crucigrama.**
Puede encontrar todas las palabras en la página 105 del Lehr- und Arbeitsbuch.

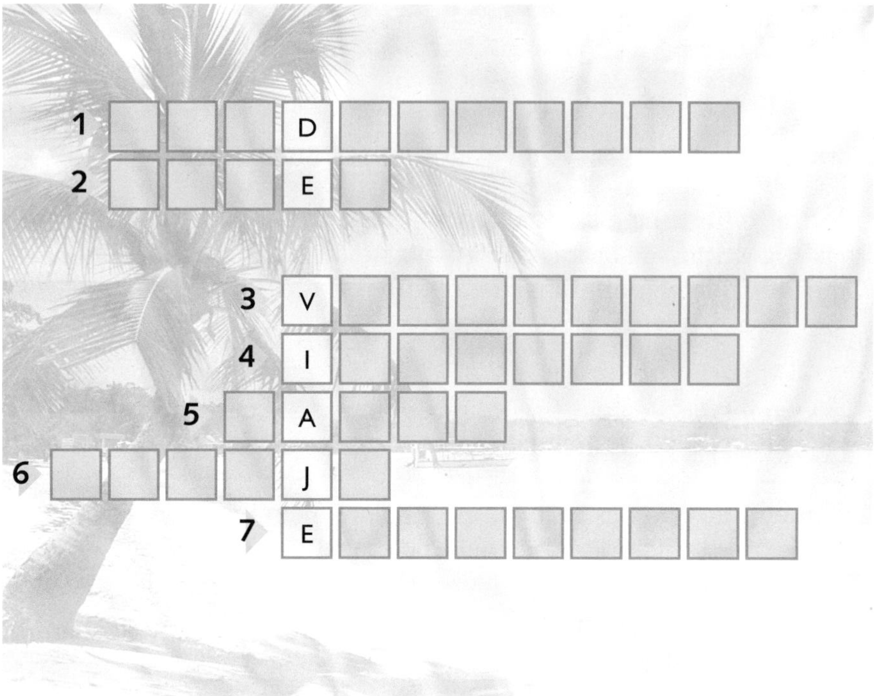

1. Costumbres de la gente de un lugar o una región conservadas durante generaciones.
2. Lugar donde se aloja mucha gente cuando va de viaje. Son de una a cinco estrellas.
3. Tiempo de descanso en el año.
4. Hoy los viajes se compran en una agencia de viajes o a través de…
5. Baile muy conocido del Caribe.
6. Cuando usted está de vacaciones descansa y se…
7. Viaje corto en grupo.

2 **Un verso.**
¿Qué meses tienen 31 días?
Este verso le puede ayudar.

Treinta días trae noviembre
con abril, junio y septiembre.
De veintiocho sólo hay uno.
Y los demás treinta y uno.

3 **Fechas.**
¿Cómo se dice en español?

08. 01. 06 ______________________ 15. 07. 05 ______________________

22. 11. 99 ______________________ 31. 09. 08 ______________________

Man schreibt:
2 de abril de 2004.
Man sagt:
El dos de abril de 2004.

4 **Lo (que)…**
Resuma las frases de Mariela sobre viajes utilizando *lo (más / menos)…* o *lo que…*

1. Me gusta mucho hacer senderismo.
   Lo que más me gusta es ______________________
2. Es muy difícil encontrar un hotel barato.
   ____
3. No me gusta nada ir de cámping.
   ____
4. Para mí es importante viajar con mis amigos.
   ____
5. No me interesa visitar lugares históricos.
   ____
6. Es bueno conocer las costumbres del lugar.
   ____

5 Palabras.

Ordene las palabras según las siguientes categorías.

billetes ★ hotel de lujo ★ maleta ★ de negocios ★ coche ★ mochila ★ bicicleta ★ pensión ★ cámara fotográfica ★ aire acondicionado ★ avión ★ pasaporte ★ minibar ★ aparcamiento ★ cámping ★ de aventuras ★ albergue juvenil ★ organizado ★ piscina ★ apartamento alquilado ★ moto ★ individual ★ barco ★ de estudios ★ televisión

tipos de viaje	medios de transporte	alojamiento	servicios hoteleros	objetos de viaje

6 Verbo – adjetivo – sustantivo.

Complete.

verbo	adjetivo	sustantivo
____________	preferido	la preferencia
tranquilizar	____________	la tranquilidad
____________	descansado	el descanso
modernizar	____________	la modernización
____________	organizado	____________
simpatizar	____________	la simpatía
interesar	____________	____________

7 Reservar un billete.

Complete el diálogo en una agencia de viajes.

◆ Buenos días. ¿En qué puedo servirle?

Sie möchten eine Reise nach Kuba machen.

◇ ____________

◆ ¿Le interesa un viaje organizado?

Sie bevorzugen es, individuell zu reisen.

◇ ____________

◆ ¿Cuándo quiere viajar?

Die ersten zwei Wochen im Juni.

◇ ____________

◆ Aquí tengo un vuelo directo para el 2 de junio.

Sie fragen, wann der Rückflug ist.

◇ ____________

◆ El 16 de junio. ¿Le va bien?

Ja. Sie bitten darum, den Flug zu buchen.

◇ ____________

◆ Por supuesto. ¿Su nombre, por favor?

8 ¿Adónde quieren ir?

Busque la oferta adecuada para estas personas.

- ☐ El Sr. Marín tiene una semana de vacaciones y le interesa relajarse y descansar. No quiere gastar mucho dinero.
- ☐ La Sra. González quiere viajar con su hija de 8 años. Tiene dos semanas en verano. Le gustan las actividades al aire libre.

Hondarribia – País Vasco
Alojamiento de turismo rural con pensión completa.
Rutas a caballo ■ senderimo ■ excursiones para niños al Parque de Pagaeta.
15 días **750 €**
(1)

Punta Cana/ Rep. Dominicana
✔ Hotel **** con pensión completa
✔ Playas tranquilas
✔ submarinismo
(Vuelo y traslados incluidos)
7 días **1.100 €**
(2)

La Palma Islas Canarias
Hotel *** con media pensión
Playa, sol y mar
(Vuelo y traslados incluidos)
7 días **450 €**
(3)

9 ¿Al teléfono o en una carta?

Marque con T (teléfono) o C (carta).

- ☐ Les saludo muy atentamente.
- ☐ ¿De parte de quién?
- ☐ La señora González, por favor.
- ☐ Adjunto los catálogos.
- ☐ Estimado señor:
- ☐ Si quiere, le puedo dejar un recado.
- ☐ 4 de agosto de 2005.
- ☐ ¿Su nombre, por favor?
- ☐ Señoras y señores:
- ☐ Dígame.

10 La palabra correcta.

¡Atención! Estas frases contienen errores. Lea las frases y cambie las palabras **en negrita** por las palabras correctas de la derecha.

1. Muchas gracias **a** la información enviada.
2. **El** que más me interesa es hacer deporte.
3. Nos encanta **estar** el sol y descansar.
4. Preferimos salir de vacaciones **el** mayo.
5. Os interesa **relajarse** y no hacer nada, ¿verdad?
6. Nos interesa reservar un hotel **por** tres estrellas.
7. ¿Me puede informar **a** los vuelos a Cuba?
8. Queríamos un vuelo **en** directo a Costa Rica.
9. ¿Le **tiene** una habitación individual en este hotel?
10. ¿Me puede reservar una habitación **de** ducha, por favor?

a) tomar
b) sobre
c) relajaros
d) —
e) de
f) queda
g) por
h) en
i) lo
j) con

B. ¿Qué tiempo hace?

1

El pronóstico del tiempo.
¿Qué tiempo hace?

1.  *Hace sol.* ____________
2.  ____________
3.  ____________
4.  ____________
5.  ____________
6.  ____________
7.  ____________
8.  ____________

2

Refranes populares.
¿A qué refranes se refieren estos símbolos?

☐  ☐  ☐ 

① En abril, aguas mil.

② *Marzo ventoso y abril lluvioso hacen a mayo florido y hermoso.*

③ **Donde entra el sol no entra el médico.**

3

¿Qué país es?
Mire el mapa de Latinoamérica y complete el texto con *este, oeste, norte, sur*.

Está en Sudamérica.
En el __________ limita con Uruguay, Paraguay y Argentina.
En el __________ con Bolivia, Perú y Colombia.
En el __________ con Venezuela, Guyana, Surinam y la Guayana Francesa.
En el __________ está el Océano Atlántico.
Es __________.

4

Sustantivos y verbos.
Escriba los verbos que corresponden a estos sustantivos.

la reserva ____________	la lluvia ____________	el esquí ____________
el alquiler ____________	la nieve ____________	el paseo ____________
la vuelta ____________	el recorrido ____________	el cambio ____________

5 **Marque la palabra correcta.**

1. ¡Qué ____ hace!
   a) color
   b) caliente
   c) calor

2. ¡Al menos hoy no ____ frío!
   a) hay
   b) hace
   c) es

3. ¡Está ____ y no tengo botas de goma!
   a) nevando
   b) tormenta
   c) lloviendo

4. Si ____, voy a esquiar.
   a) llueve
   b) nieva
   c) hace 40 grados

5. Hace 5 grados ____ cero.
   a) temperatura
   b) bajo
   c) menos

6. Con la ____ que hay, no se ve nada.
   a) niebla
   b) nube
   c) nieta

7. Mañana ____ mucho viento.
   a) ha hecho
   b) está haciendo
   c) va a hacer

8. Vuelvo en ____, en enero.
   a) verano
   b) invierno
   c) otoño

C. Volver al pasado

1 **Crucigrama.**
Complete el siguiente crucigrama con las formas del indefinido.

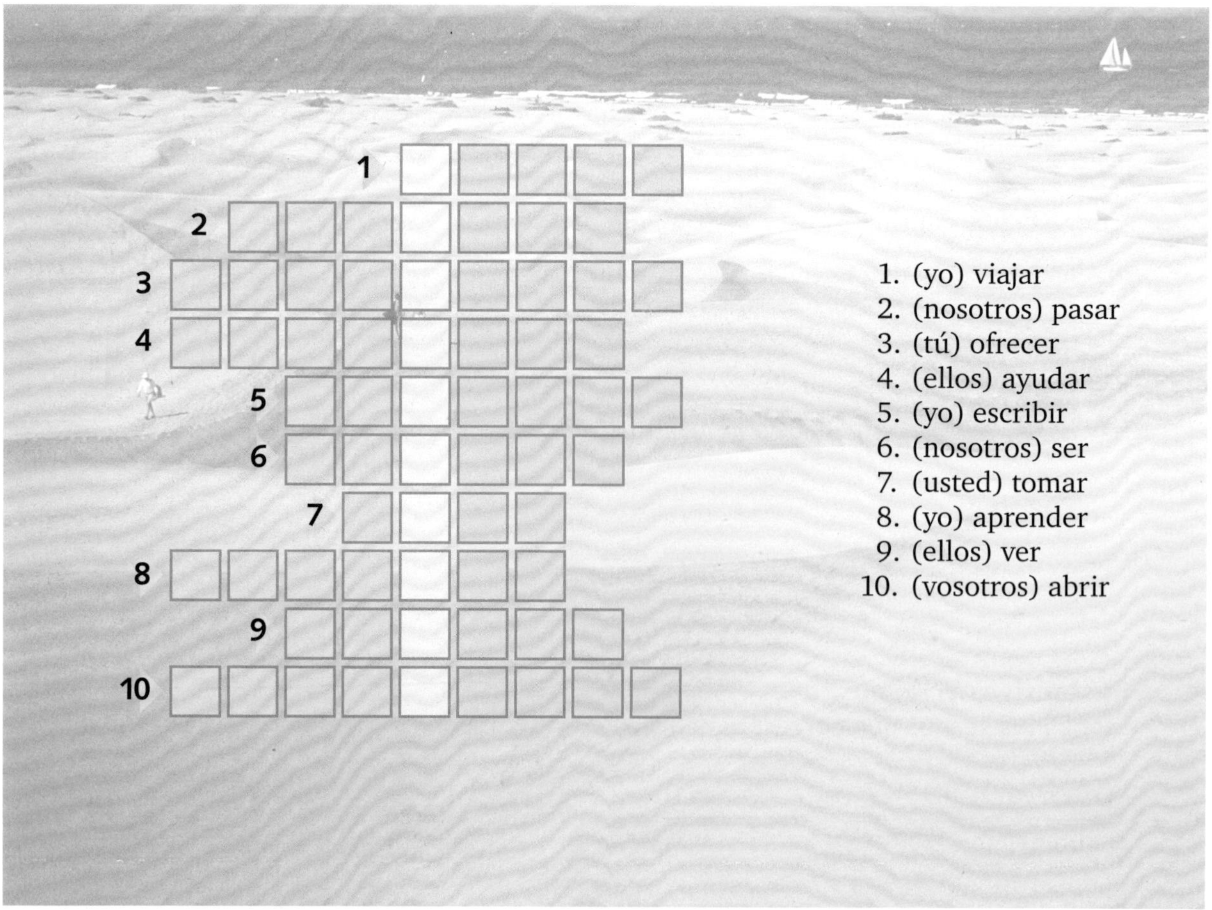

1. (yo) viajar
2. (nosotros) pasar
3. (tú) ofrecer
4. (ellos) ayudar
5. (yo) escribir
6. (nosotros) ser
7. (usted) tomar
8. (yo) aprender
9. (ellos) ver
10. (vosotros) abrir

2 Una biografía.

Lea esta biografía de la escritora Gabriela Mistral y complete con los verbos en indefinido.

1889 *(nacer)* ________ el día 7 de abril en la ciudad de Vicuña (Chile).

1907 *(escribir)* ________ para los periódicos 'La voz de Elqui' y 'La Reforma'.

1910 *(empezar)* ________ a trabajar como maestra de escuela en Barrancas.

1914 *(ganar)* ________ su primer premio de literatura en Santiago de Chile.

1917 *(publicar)* ________ 55 poemas en la colección de Manuel Guzmán Maturana.

1921 *(ser)* ________ directora del Liceo de Niñas N° 6 de Santiago de Chile.

1923 Se *(publicar)* ________ su libro 'Lectura para Mujeres' en México.

1931 *(trabajar)* ________ en la Universidad de Puerto Rico en Literatura Hispanoamericana.

1931–1948 *(ser)* ________ Cónsul General de Chile en Italia, Portugal, Brasil, México y Estados Unidos.

1945 *(ganar)* ________ el Premio Nobel de Literatura en Estocolmo.

3 La ropa: dos inventos.

Complete estos dos textos con el indefinido. ¿A qué prendas de vestir se refieren?

1 Ellos (*nacer*) ____________ en las minas en el oeste de Estados Unidos, con los buscadores de oro en el siglo XIX. Un comerciante (*confeccionar*) ____________ los primeros con un material muy poco flexible. Con el tiempo se (*confeccionar*) ____________ con un material más flexible, el algodón. (*ser*) ____________ Levi Strauss y Jacob Davis quienes (*registrar*) ____________ la marca 'blue jeans', conocida hoy en todo el mundo.

2 La diseñadora Mary Quant en los años sesenta (*ser*) ____________ la persona que la (*presentar*) ____________ por primera vez. Twiggy, ideal de belleza de esos años, (*llevar*) ____________ las primeras en los desfiles de modas y (*provocar*) ____________ muchas críticas. En 1966 Jackie Kennedy (*aparecer*) ____________ en público con ella y las mujeres estadounidenses (*empezar*) ____________ a usarla.

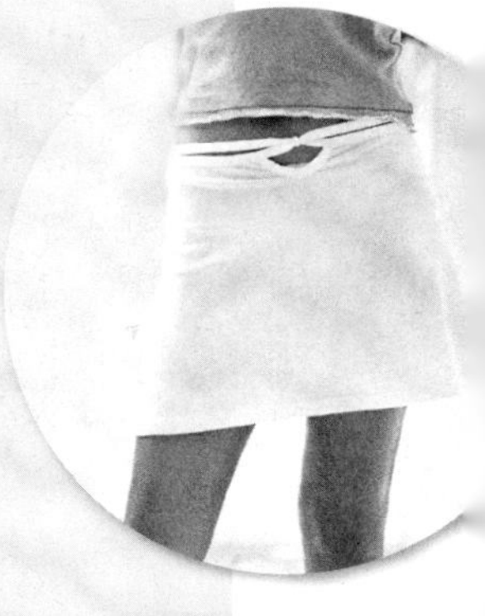

4 Indefinido y perfecto.

Escriba estas frases en perfecto.

1. En octubre fuimos a Granada.
   Este octubre hemos ido a Granada. ________________.
2. El lunes reservé el billete para ir a Perú.
   Este lunes ________________.
3. En verano me quedé en casa trabajando.
   Este verano ________________.
4. En el viaje a Italia visitamos muchos museos.
   En este último viaje ________________.
5. En Navidades no fui a casa de mis padres.
   Estas Navidades ________________.
6. En primavera esquié una semana en los Alpes.
   Esta primavera ________________.

Lerntipp

Das Indefinido bezeichnet eine Handlung innerhalb eines Zeitraums, den der Sprecher als abgeschlossen betrachtet (z. B. *ayer, en julio, en 2003*).

Das Perfekt bezeichnet eine Handlung innerhalb eines Zeitraums, den der Sprecher noch nicht als abgeschlossen betrachtet (z. B. *hoy, esta semana, este año*).

In Lateinamerika verwendet man fast ausschließlich das Indefinido.

5 ¿Indefinido o perfecto?

Busque primero los marcadores temporales (*Zeitangaben*) en las frases. Luego complete las frases con el indefinido o perfecto.

1. Juan me (*escribir*) ____________ un e-mail la semana pasada.
2. Clara, ¿(*llamar*) ____________ esta mañana a tu tía?
3. Esta mañana mi marido (*lavar*) ____________ el coche.
4. Jaime, ¿por qué no vamos al bar? ¡Tú ya (*trabajar*) ____________ bastante hoy!
5. El año pasado (*ir*) ____________ dos veces a México. ¡Me encanta ese país!
6. En marzo (*estudiar*) ____________ mucho para los exámenes.
7. La reunión con la agencia de viajes (*ser*) ____________ ayer, ¿verdad?
8. Darío, ¿(*probar*) ____________ alguna vez la paella valenciana?

6 **Un viaje organizado: España en 7 días.**

Amalia describe su viaje a una amiga suya colombiana.
Aquí tiene las informaciones del recorrido. ¿Cómo continúa?

El 17 de marzo llegué…

17.3.
Llegada a Barcelona, visita de la Sagrada Familia y del puerto, comida en Las Ramblas.

18.3.
Avión a Madrid. Recorrido por la ciudad.

19.3.
Viaje en tren a Valencia para ver las Fallas (fiestas tradicionales).

20.3.
Salida en autobús a Marbella. Paseo en barco y tomar el sol en la playa.

21.3.
Autobús a Salamanca. Visita de la Universidad y la Casa de las Conchas.

22.3.
Salida en autobús a Bilbao. Museo Guggenheim.

23.3.
Vuelo a Madrid y vuelta a Bogotá.

Rincón profesional

Un viaje a Lima.

Usted trabaja en la Agencia de Viajes Costazul. Ha llegado el siguiente e-mail.
Léalo y complete el formulario.

Archivo Editar Ver Insertar Formato Opciones Herramientas Ventana Ayuda
Enviar Dirección Adjuntar Ortografía Seguridad Guardar

Estimada Sra. Valles:

Me dirijo a usted para hacer unas reservas.
Necesitamos tres billetes a Lima desde Madrid. Tenemos que llegar a Lima el 23 de mayo por la tarde. La vuelta puede ser el 28 de mayo por la tarde o el 29 de mayo por la mañana. Además necesitamos tres billetes de tren de Valencia a Madrid.
También quería hacer las reservas de hotel. Necesitamos 3 habitaciones individuales con media pensión. Preferimos un hotel de tres estrellas en el centro. El hotel tiene que tener también una sala de conferencias para 15 personas para reunirnos del 24 al 25 de mayo.
Nos interesa también alquilar un coche para tres días.
¿Puede mandarnos algunas ofertas?

En espera de sus noticias, le saluda atentamente,
Gabriel Portilla
Instituto Terra

Carga de página terminada

Agencia Costazul

Empresa: ____________
Persona de contacto: ____________
Destino: *Lima*
Ida: ____________
Vuelta: ____________
Nº de personas: ____________
Alojamiento: ____________
Observaciones: ____________

Responsable: *Silvia Valles*

Rincón de lectura

a) Diario de viaje.
Lea este diario de Ignacio Peñalba y diga qué profesión tiene.

11 de noviembre: la salida.
He decidido escribir un diario sobre este viaje. Va a ser un viaje especial porque yo, hasta ahora, siempre he tenido grupos de 12 ó 15 personas. ¡DOS semanas en TRES países con CUARENTA personas es nuevo para mí! Es verdad que tengo mucha experiencia en este tipo de viajes, pero creo que esta vez va a ser muy especial. Mañana empieza todo en el aeropuerto.

14 de noviembre: Río de Janeiro (Brasil)
La llegada fue muy tranquila. Todos disfrutamos del viaje. Lo que más me gusta hasta ahora es que la gente es simpática y todos están de buen humor. Todo funciona perfectamente.
Esta tarde he tenido el primer problema: he tenido que ir al hospital con el Sr. Duprée. No ha sido nada importante. Y gracias a mi buen portugués todo ha funcionado perfectamente.

17 de noviembre: Fox Iguazú (Brasil-Argentina)
Hasta aquí mucha tranquilidad en el grupo. La gente está de acuerdo con mis explicaciones e informaciones. Siempre tengo una respuesta rápida a las ¡¡1534 preguntas diarias!!
¿Soy una enciclopedia?

20 de noviembre: Villa Rica (Paraguay)
Una ciudad pequeña y pintoresca. Escenario de mi primer drama: ayer por la noche en el hotel olvidaron preparar la cena. ¡Qué caos! La ciudad es pequeña y no hay muchos restaurantes con capacidad para 40 personas. La gente protestó mucho.
Pero dos horas más tarde encontré un restaurante con una terraza muy bonita no muy lejos de la ciudad. ¡Funcionó! ¡Pero qué nervios! Por suerte reaccioné rápido y con tranquilidad. ¡Uff! ¡Qué cansado estoy! ¡A la cama!

23 de noviembre: Buenos Aires (Argentina)
Ya estamos casi al final del viaje. Casi 24 horas de trabajo intenso. Cómo cuesta a veces traducir y explicar cosas que no tienen explicación: "¿Por qué hay estas nubes aquí?", "¿Por qué aquí la gente usa sombrero?"
Bueno, tal vez estoy cansado. Con ellos soy paciente y creo que tengo una respuesta amable para todos.

Caminos Online

El tiempo en España y Latinoamérica.

b) Marque cuatro cualidades que tiene este guía de turismo.

Unidad 12

Revuelto

Test

Hier liegt Ihnen ein vollständiger Test nach dem Muster der Start-Prüfung des Europäischen Sprachenzertifikats vor. Mit diesem Modelltest können Sie die Prüfung simulieren und feststellen, ob Sie das erforderliche Kompetenzniveau A 1 erreicht haben.
Zum Bestehen der Prüfung müssen Sie mindestens 56 der möglichen 70 Punkte erreichen.

1. Wortschatz und Grammatik	Vocabulario y estructuras
2. Hörverstehen	Comprensión auditiva
3. Hören und Antworten	Respuestas adecuadas
4. Leseverstehen	Comprensión lectora

Verben auf einen Blick

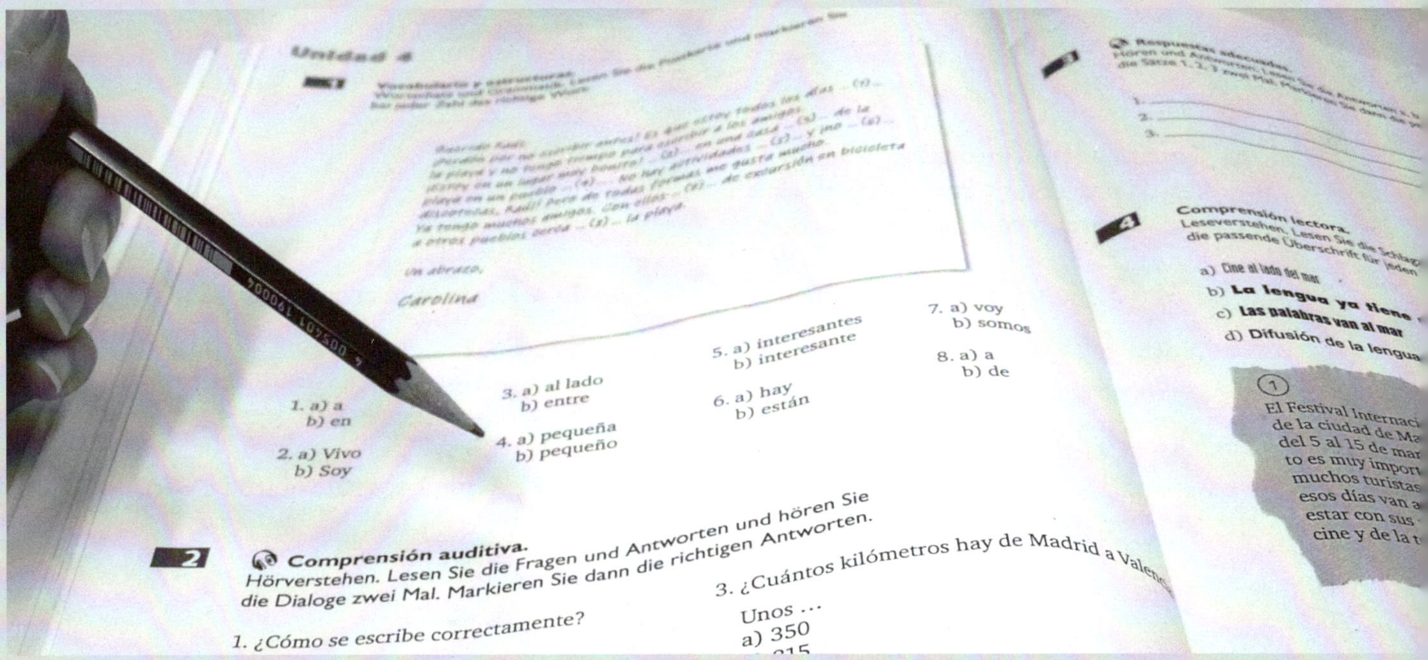

Unidad 12

1 **Vocabulario y estructuras.**
Lea el mensaje y marque en cada número la palabra correcta.

Hola Cristina y José:

¡...(1)... contestador no funciona! Por eso hemos decidido ...(2)... esta nota.

Hace dos días ...(3)... de nuestro largo viaje a Chile. ...(4)... una experiencia especial. Ahora estamos ...(5)... planes para una barbacoa en el jardín. Queremos reunirnos ...(6)... 28 de mayo con nuestros amigos y tenemos muchas ganas de ...(7)... Queremos mostraros las ...(8)... del viaje, de todos los lugares que conocimos. Todavía no sabemos si va a ...(9)... buen tiempo, pero no pasa nada.

¡...(10)...! ¿Nos llamáis por teléfono para confirmarlo?

Un abrazo,

Rosana y Tomás

1. a) Vuestro
   b) Su
2. a) escribiros
   b) os escribir
3. a) hemos vuelto
   b) volvimos
4. a) Fui
   b) Fue
5. a) hecho
   b) haciendo
6. a) en
   b) el
7. a) veros
   b) vernos
8. a) historias
   b) fotos
9. a) hacer
   b) tener
10. a) Os esperamos
    b) Esperamos a vosotros

1,5 puntos por respuesta

Resultado __________ de 15 puntos

2 **a) Comprensión auditiva.** 71
Lea las preguntas y respuestas y escuche los diálogos dos veces.
Luego marque las respuestas correctas.

1. ◆ ¿Cómo se escribe exactamente?

   a) ◇ GERVASIO.
   b) ◇ JERVASIO.

2. ◆ ¿Qué día sales de viaje?

   ◇ El …
   a) 3 de septiembre.
   b) 13 de septiembre.

3. ◆ ¿Cuándo estuviste en España?

   ◇ En …
   a) 1960.
   b) 1970.

4. ◆ ¿Cuánto te costó el ordenador?

   ◇ Sólo … euros.
   a) 876
   b) 867

5. ◆ ¿A qué hora sale el tren a Barcelona?

   ◇ A las …
   a) 5:15.
   b) 15:05.

1 punto por respuesta

Resultado __________ de 5 puntos

b) Comprensión auditiva. 72

Lea la descripción de las situaciones y las afirmaciones. Escuche los textos dos veces.
Luego marque si las afirmaciones corresponden a los textos (+) o no (–).

1. **Situación:**
   Usted ha reservado una excursión con guía para el 13 de mayo al Parque de Doñana.
   Escuche lo que le dicen:

   ☐ La excursión al Parque va a salir el 15 y no el 13.

2. **Situación:**
   Usted tiene que ir al aeropuerto para buscar a una persona de la empresa Finalba.
   Escuche lo que le dicen:

   ☐ La señora es alta, morena y lleva una maleta verde.

3. **Situación:**
   Usted ha quedado con su hermana para comer el jueves.
   Escuche lo que le dice:

   ☐ Quiere quedar con usted para cenar hoy.

4. **Situación:**
   Usted está en el aeropuerto. Viaja a Tenerife en el vuelo de Iberia 532 y oye lo siguiente:

   ☐ Se tiene que presentar en la puerta de embarque C-46.

3 puntos por respuesta

Resultado _________ de 12 puntos

3 **a) Respuestas adecuadas.** 73

Lea las respuestas a, b, c, d y escuche las frases 1, 2, 3 dos veces.
Luego marque las respuestas adecuadas.

1. …	a) Muy bueno.
2. …	b) De nada.
3. …	c) ¡Qué bien!
	d) No, gracias.

2 puntos por respuesta

Resultado _________ de 6 puntos

b) Respuestas adecuadas. 74

Lea las respuestas a, b, c, d, e y escuche las frases 1, 2, 3, 4 dos veces.
Luego marque las respuestas adecuadas.

1. …	a) Ahora no.
2. …	b) Igualmente.
3. …	c) Buena idea.
4. …	d) No, todavía no. Mucho gusto.
	e) ¡Qué pena!

2 puntos por respuesta

Resultado _________ de 8 puntos

4 **a) Comprensión lectora global.**
Lea los titulares y los textos, luego elija el título adecuado para cada texto.

a) *Nuevas formas de expresión*
b) **Encuentro latinoamericano**
c) **La economía de España**
d) ***Exportaciones sorprendentes***

① El libro español se vende cada vez más en el mundo. Sobre todo en Europa. Este año las exportaciones de la industria del libro han sido mayores que en años anteriores. Para sorpresa de las editoriales, Francia, Alemania e Inglaterra son los países que importan más libros españoles.

② Desde ayer por la tarde están reunidos en Cochabamba, Bolivia, los presidentes latinoamericanos. La agenda de trabajo está llena. El motivo de esta reunión es fijar las políticas de exportación tanto en el continente como con el resto del mundo.
El resultado de este encuentro es fundamental para el futuro económico latinoamericano.

③ El envío de mensajes cortos con el móvil (SMS) es un fenómeno social, económico y lingüístico. Los textos que se envían son para muchas personas un "jeroglífico". Los jóvenes han creado una lengua especial, que, según las últimas informaciones, las personas mayores de 35 años no comprenden.

3 puntos por respuesta

Resultado __________ de 9 puntos

b) Comprensión lectora detallada.
Usted llega a casa y encuentra esta nota de su compañera. Léala.

Hola:
Hoy voy a volver tarde a casa y no vamos a poder cenar juntos. Lo siento, es que hoy vienen unos clientes muy importantes y tengo que quedarme hasta la cena.
Esta mañana ha llamado tu madre, tienes que llamarla por la tarde.
¿Compras tú el regalo para Juan? Yo ya he ido al supermercado.
Un beso, Natalia

Lea las siguientes frases y marque si corresponden al texto (+) o no (–).

☐ 1. Usted va a cenar con Natalia muy tarde.
☐ 2. Usted tiene que hacer las compras en el supermercado.
☐ 3. Usted tiene que llamar a su madre.

3 puntos por respuesta

Resultado __________ de 9 puntos

c) Comprensión lectora selectiva.
Mire primero las ofertas de una agencia de viajes.

Lanzarote

Unas vacaciones tranquilas en la playa
7 días con todo incluido
Hotel **** con restaurante, bar, piscina
Pensión completa

De julio a septiembre

500 €

Madrid nocturno

La capital para vivir la noche en sus tabernas, bares y discotecas
Fin de semana: de viernes a domingo.
Recorridos con guías
Hotel ***. Pensión completa
Oferta de marzo a abril y de septiembre a octubre

300 €

Ruta transcantábrica

- 10 días en tren desde Santiago de Compostela hasta Bilbao
- Un recorrido lleno de sorpresas por la historia del arte
- Visitas guiadas a museos en las ciudades del recorrido
- Hoteles *** con pensión completa

De mayo a septiembre

Precio: **700 €**

Ruta maya

15 días recorriendo y visitando las ruinas de la cultura maya de México y Guatemala

Hotel *** con media pensión
Salidas de octubre a marzo

1200 €

Lea ahora las siguientes preguntas y marque las respuestas adecuadas.

1. Usted tiene sus vacaciones en invierno. ¿Qué viaje puede hacer?
   a) Madrid nocturno.
   b) La ruta maya.

2. A usted le gusta descansar en sus vacaciones. ¿Qué viaje le interesa más?
   a) La ruta transcantábrica.
   b) Lanzarote.

3. A usted le interesa un viaje cultural, pero no puede gastar mucho. ¿Qué oferta va a tomar?
   a) La ruta transcantábrica.
   b) La ruta maya.

2 puntos por respuesta

Resultado __________ de 6 puntos

En total __________ de 70 puntos

Verben auf einen Blick

Verben mit unregelmäßigen Präsensformen

	c–zc conocer	weitere Verben	**u–ue** jugar	enviar	continuar
yo	cono**zc**o		j**ue**go	env**í**o	contin**ú**o
tú	conoces		j**ue**gas	env**í**as	contin**ú**as
usted, él, ella	conoce		j**ue**ga	env**í**a	contin**ú**a
nosotros/-as	conocemos		jugamos	enviamos	continuamos
vosotros/-as	conocéis		jugáis	enviáis	continuáis
ustedes, ellos/-as	conocen		j**ue**gan	env**í**an	contin**ú**an

Kennen Sie weitere Verben, die wie **conocer** konjugiert werden? Notieren Sie sie doch daneben in die Tabelle. Die Verben mit der Veränderung *(zc)* und *(ue)* führen im Wörterverzeichnis des Lehr- und Arbeitsbuchs einen entsprechenden Hinweis.

Das Gerundium

Regelmäßige Formen

Verben auf **-ar**	Verben auf **-er**	Verben auf **-ir**
hablar → habl**ando**	beber → beb**iendo**	disutir → discut**iendo**

Unregelmäßige Formen

pedir → p**i**diendo decir → d**i**ciendo venir → v**i**niendo preferir → pref**i**riendo	poder → p**u**diendo dormir → d**u**rmiendo	leer → le**y**endo oír → o**y**endo ir → **y**endo

Das Indefinido

Regelmäßige Formen / Unregelmäßige Formen

	Verben auf **-ar**	Verben auf **-er**	Verben auf **-ir**	**ser/ir**
yo	pas**é**	com**í**	viv**í**	**fui**
tú	pas**aste**	com**iste**	viv**iste**	**fuiste**
usted, él, ella	pas**ó**	com**ió**	viv**ió**	**fue**
nosotros/-as	pas**amos**	com**imos**	viv**imos**	**fuimos**
vosotros/-as	pas**asteis**	com**isteis**	viv**isteis**	**fuisteis**
ustedes, ellos/-as	pas**aron**	com**ieron**	viv**ieron**	**fueron**

➤ Weitere unregelmäßige Indefinido-Formen lernen Sie in Band 2 kennen.

Lösungen und Transkription der Hörtexte

Hola, ¿qué tal?

1

22:00 Buenas noches
11:00 Buenos días
6:00 Buenos días
16:00 Buenas tardes

2

1. ◆ ¡Hola! ¿Cómo te llamas?
◇ Víctor. ¿Y tú?
◆ Soy Elena.

2. ◆ ¿Cómo se llama usted?
◇ Me llamo Nuria Robles. ¿Y usted?
◆ Alberto Santos.

Unidad 1

A. Palabras internacionales

1

Lösungsvorschlag:

 fútbol, Real Madrid, campeón, liga

 hospital, medicina

 campos de golf

 música, festival, discoteca, tango

 turistas, turismo, playas, Iberia

2

a)
HOLA: Hallo
PERSPECTIVAS: Perspektiven
ECONOMÍA: Wirtschaft
ANDALUCÍA: Andalusien
MEDICINA: Medizin
TARIFA: Tarif
BIBLIOTECA: Bibliothek

b)
Lösung: LATINOAMÉRICA

3

1. Ceuta
2. Galicia
3. Gijón
4. Córdoba

4

1. f); 2. h); 3. b); 4. a); 5. d); 6. e); 7. c); 8. g)

B. Personas famosas

1

1. una cantante
2. un autor
3. un actor
4. un pintor
5. un autor
6. un político
7. una cantante
8. un político

2

la playa, las playas
el pintor, los pintores
el material, los materiales
el reportaje, los reportajes
el problema, los problemas
el escándalo, los escándalos
la región, las regiones
la ciudad, las ciudades
la figura, las figuras
la foto, las fotos

3

1. nueve
2. diez
3. ocho
4. siete
5. cinco
6. seis

4

1. ¿Quién es (Dalí/Picasso)?
2. ¿Cómo te llamas?
3. ¿Quiénes son (Cervantes y García Márquez)?
4. ¿Qué significa "playa"?
5. ¿Cómo se pronuncia (la) "z" en español?
6. ¿Cómo se llama usted?

C. El español en el mundo

1

a)
México, Cuba, Panamá, Brasil, Argentina

b)
En Brasil no se habla español.

c)

2

festival
industria
política
Carmen
especiales
teléfono
región
foto
oficial
número
discoteca
turismo

3

1. No, el Guggenheim no es un teatro, es un museo.
2. No, Picasso no es un autor español, es un pintor.
3. No, en Portugal no se habla español, se habla portugués.
4. No, la paella no es típica de Colombia, es típica de España.
5. No, Málaga y Cádiz no son ciudades de México, son ciudades de España.
6. No, "caminos" no significa *Stadt*, significa *Wege*.

Rincón profesional

el banco: euros, el cheque, el crédito, divisas
la oficina: el teléfono, el disquete, la fotocopiadora, el fax
el congreso: la sala, el debate, el público, el seminario
el organigrama: la secretaria de dirección, el jefe de personal, el director general, la subdirectora

Rincón de lectura

Los españoles y latinoamericanos se saludan con "Buenos días".

Unidad 2

A. Hola y adiós

1

1. b); 2. c); 3. a); 4. b); 5. b); 6. c)

2

yo	soy
tú	eres
usted, él, ella	es
nosotros/-as	somos
vosotros/-as	sois
ustedes, ellos/-as	son

3

1. eres, eres, Soy
2. sois, eres, Soy
3. es, Soy, somos
4. son, somos, somos
5. es, es

4

1. usted / ustedes
2. usted / ustedes
3. usted / ustedes
4. tú / vosotros
5. tú / vosotros
6. tú / vosotros
7. usted / ustedes
8. tú / vosotros

5

1. —, —
2. —, la
3. el, El
4. —, —
5. —, la, —, —
6. los, —

6

Concha es secretaria y es de Madrid.
Rubén es ingeniero y es de Sevilla.
Ana es médica y es de Valencia.

7

1. Cabanillas
2. Vázquez
3. Crevatín
4. Gutiérrez

8

1. (Se escribe) ce–i–ene–ce–o.
2. (Significa) "Großbuchstabe".
3. No, se escribe con acento.
4. No, se escribe con mayúscula.
5. No, se escribe con "ce".
6. (Se escribe) con "zeta".

9

1. g); 2. h); 3. e); 4. f); 5. a); 6. d); 7. b); 8. c)

B. ¿Y qué hace usted?

1

a)
masculino: el empleado, el veterinario, el médico, el autor
femenino: la arquitecta, la cocinera, la pintora, la enfermera
masculino y femenino: el/la taxista, el/la estudiante, el/la cantante, el/la dentista

b)
Lösungsvorschlag:
masculino: ingeniero, mecánico, programador
femenino: profesora, secretaria, ama de casa
masculino y femenino: recepcionista, representante

2

estudiar	trabajar	hablar
estudio	trabajo	hablo
estudias	**trabajas**	hablas
estudia	trabaja	**habla**
estudiamos	trabajamos	hablamos
estudiáis	trabajáis	**habláis**
estudian	**trabajan**	hablan

3

1. trabajas, trabajo
2. hablas, hablo
3. trabaja, estudia
4. hablamos, hablo
5. estudio, Trabajo
6. trabajáis, trabaja

4

1. —
2. el, una, —
3. una, un
4. —, la
5. —, el
6. —, la

5

1. cantante
2. mecánico
3. taxista
4. electricista
5. recepcionista
6. arquitecto
7. profesora
8. pintor
9. cocinero

6

1. José Luis estudia Arquitectura en la Universidad de Valencia.
2. Gabriel es enfermero en el hospital San Fernando.
3. Marisa y yo trabajamos en una agencia de turismo en/de Cádiz.
4. Pilar y Javier son técnicos comerciales en una empresa textil en/de Alicante.
5. Anabel y Elvira estudian Informática en la Universidad de Zaragoza.

7

1. d); 2. h); 3. a); 4. f); 5. b); 6. g); 7. e); 8. c)

C. Y usted, ¿dónde vive?

1

a)

-ar	-er	-ir
pas**o**	aprend**o**	viv**o**
habl**as**	vend**es**	viv**es**
habl**a**	aprend**e**	escrib**e**
trabaj**amos**	vend**emos**	escrib**imos**
pas**áis**	vend**éis**	escrib**ís**
trabaj**an**	vend**en**	viv**en**

b)
-ar: pasar, hablar, trabajar
-er: aprender, vender
-ir: vivir, escribir

c)
Die Endungen der Verben auf **-er** und **-ir** sind in allen Personen gleich mit Ausnahme von *nosotros/-as* und *vosotros/-as*.

2

1. Vosotros no sois argentinos, ¿verdad?
2. ¿Dónde aprendéis español?
3. ¿Dónde vivís?

4. ¿Qué hacéis?
5. ¿Ahora pasáis las vacaciones en Argentina?
6. ¿(Tú) eres de Puerto Iguazú?
7. ¿Y qué haces?

3

Víctor Aguirre Rubio
técnico comercial
Banco de España
28 años
C/Molino, 36
923 45 56 17
viagui@yahoo.es
aprender alemán, escuchar música moderna y viajar

4

1. tiene
2. tienes
3. tienen, tiene
4. tiene
5. tenemos
6. tengo, tengo
7. tenéis
8. tienen

5

1. c**ua**renta y cinco: 45
2. s**e**tenta y tr**e**s: 73
3. v**ei**ntitrés: 23
4. och**e**nta y d**o**s: 82
5. tr**ei**nta y s**ei**s: 36
6. n**o**venta y och**o**: 98
7. d**ie**ciocho: 18
8. s**e**senta y s**ie**te: 67

6

1. veinte, veinticinco, treinta
2. veintiocho, treinta y cinco, cuarenta y dos
3. doce, quince, dieciocho
4. cuarenta, cincuenta, sesenta
5. sesenta, setenta y cinco, noventa

7

1. ¿Cuántos años tienes?
2. ¿De dónde eres?
3. ¿Cuál es tu correo electrónico?
4. ¿Qué haces?
5. ¿Dónde vives? / ¿Dónde trabajas?
6. ¿Tú eres de (Valencia / Toledo)?
7. Tú eres Ana, ¿verdad? / ¿Eres tú Ana?
8. ¿Qué lenguas hablas?
9. ¿Qué tal? / ¿Cómo estás?
10. ¿Dónde trabajas?

Rincón profesional

Freie Übung

Rincón de lectura

a)

- curso intensivo
- 2 semanas
- para principiantes
- en septiembre
- programa de actividades culturales

b)

Die Sprachschule „Proyectos España" hat das passende Kursangebot.

Unidad 3

A. Hay de todo

1

cultura: teatro, exposición, universidad, galería de arte, festival, biblioteca, cine, catedral, concierto
tráfico: avenida, autopista, aeropuerto, calle, carretera, coche
edificios: teatro, universidad, hospital, galería de arte, aeropuerto, hotel, biblioteca, cine, catedral, fábrica

2

1. much**os**, much**os**, enorm**e**, modern**os**, comercia**les** (*ciudad*)
2. pequeñ**a**, much**a**, poc**as**, cultural**es** (*pueblo*)
3. much**a**, poc**o**, poc**os**, ideal (*pueblo*)
4. blanc**as**, antigu**as**, tranquil**as**, simpátic**a** (*pueblo*)
5. fantástic**o**, much**as**, cultural**es**, much**os**, interesant**es** (*ciudad*)
6. much**os**, grand**es**, much**os**, tranquil**os**, much**os** (*ciudad*)

3

1. Me gustan los pintores surrealistas.
2. No me gusta nada aprender italiano.
3. No me gusta el golf.
4. Me gusta la música moderna.
5. Me gustan mucho las vacaciones.
6. No me gusta vivir en un pueblo.
7. Me gustan mucho las playas de España.
8. No me gusta nada el teatro.

4

1. gustan, hay
2. gusta, hay
3. gusta, es
4. gustan, hay
5. gusta, es
6. gustan, hay

5

Lösungsvorschlag:
Madrid es la capital de España. En Madrid hay un museo famoso, se llama Museo del Prado. Tiene

muchos lugares históricos, por ejemplo la Plaza Mayor. También hay muchos bares y restaurantes.
Buenos Aires es la capital de Argentina. En Buenos Aires hay muchos lugares históricos, por ejemplo la Plaza de Mayo. También tiene muchos lugares interesantes como los bares y restaurantes de la calle Corrientes.
La Habana es la capital de Cuba. En La Habana hay muchos lugares históricos, por ejemplo la Plaza de Armas. También tiene lugares interesantes como las fábricas de cigarros. Un monumento histórico muy famoso es el Capitolio de la Nación.
Berlín es la capital de Alemania. En Berlín hay un museo famoso, el Museo Pergamón. Tiene muchos monumentos históricos, por ejemplo la Puerta de Brandeburgo. También hay lugares interesantes como los mercados turcos de Kreuzberg.

B. ¿El Hotel Colón, por favor?

1

1. está, Está
2. estáis, estamos
3. estás, estoy
4. están
5. está

2

Lisboa es la capital de Portugal.
Múnich está en el sur de Alemania.
Nicaragua está en Centroamérica.
México, D.F. es quizás la ciudad más grande del mundo.
Casares está en Andalucía.
Roma es una ciudad muy antigua.

3

Linke Zeichnung:
1. El libro está sobre la mesa.
2. El teléfono está sobre la mesa a la derecha.
3. El disquete está sobre la mesa a la derecha, detrás del teléfono.
4. El fax está sobre la mesa a la derecha, detrás del libro.
5. El ordenador está sobre la mesa a la izquierda.
6. La carta está sobre el periódico.
7. El móvil está debajo del periódico.
8. El periódico está sobre la mesa a la izquierda.

Rechte Zeichnung:
1. El libro está sobre la silla.
2. El teléfono está sobre la mesa a la izquierda.
3. El disquete está entre el teléfono y el fax.
4. El fax está sobre la mesa a la izquierda.
5. El ordenador está sobre la mesa a la derecha.
6. La carta está sobre la mesa a la derecha, debajo del periódico.
7. El móvil está sobre el periódico.
8. El periódico está sobre la mesa a la derecha.

4

1. está, Está
2. hay, Está
3. hay, está
4. está, Está
5. hay, Hay
6. hay, hay

5

1. Tiene que cruzar la plaza.
2. Tiene que girar a la izquierda.
3. Tiene que seguir todo recto.
4. Tiene que tomar la segunda a la izquierda.
5. Tiene que girar a la derecha.

6

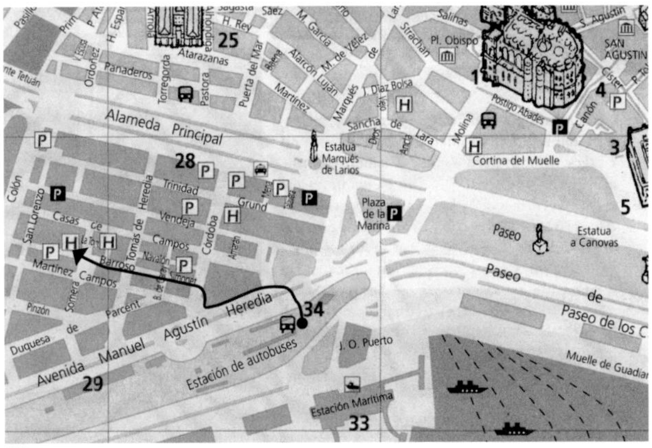

7

300 € = tres mil colones
300 € = seis mil lempiras
300 € = dos mil setecientos quetzales

8

Andalucía:	7.357.558
Cantabria:	535.131
Cataluña:	6.343.110
Madrid:	5.423.384
Valencia:	4.162.776
Cantabria:	535.131
La Rioja:	276.702
Ceuta:	71.505
Melilla:	66.411
Total:	40.847.371

9

1. c); 2. f); 3. d); 4. g); 5. e); 6. b); 7. a); 8. h)

C. ¿Adónde va?

1

1. voy, en coche
2. vamos, en bicicleta

3. vas, a pie
4. va, en avión
5. ir, en metro
6. van, en autobús
7. vais, en tren
8. ir, en tren, en avión

2

ser	estar	ir
soy	estoy	voy
eres	estás	**vas**
es	**está**	va
somos	estamos	vamos
sois	**estáis**	vais
son	están	**van**

3

1. líneas
2. estaciones
3. estación terminal
4. cambiar
5. bajar
6. tomar, dirección

4

1. al, al
2. para, a, En
3. al, en
4. en, al, en, a, en
5. en, a, en, a
6. a, de, a, hasta

5

1. c); 2. a); 3. g); 4. b); 5. d); 6. h); 7. f); 8. e)

6

1. En la ciudad hay mucho tráfico.
2. No me gustan nada las ciudades grandes.
3. En Marbella hay muchos turistas.
4. Voy al centro a pie.
5. ¿Hay un banco por aquí (cerca)?
6. ¿Está lejos la estación?
7. ¿Para ir al Museo Bolívar?
8. ¿Este autobús va a la catedral?

Rincón profesional

Hotel Amaru
Calle 53/49, nº 100
Medellín
Colombia

Sra.
María Eugenia Campos
Avda. Los Álamos s/n
8000 Bahía Blanca

Sr.
Mario Villalba Tadeo
Avda. Machupicchu, 15
18200 Maracena
España

Agencia Solimar
C/Mesoneros, 9
28013 **Madrid**

Rincón de lectura

Lösungsvorschlag:
¿Dónde? Caracas está cerca de la costa del Océano Atlántico.
¿Cómo es? Es una ciudad muy moderna y dinámica con un clima agradable.
¿Qué hay? Hay muchos edificios históricos, por ejemplo, la catedral, la Casa Amarilla y El Palacio de Miraflores. Hay museos interesantes, por ejemplo, el Museo de Bellas Artes o el Museo de Arte Contemporáneo. Hay muchos parques y jardines, por ejemplo, el Parque Nacional El Ávila o el Parque Zoológico.
Además: El metro de Caracas es muy interesante. En cada estación del metro hay obras de arte y esculturas de artistas modernos de Venezuela.

Unidad 4 Revuelto

1

1. b); 2. a); 3. a); 4. b); 5. a); 6. a); 7. a); 8. b)

2

1. a); 2. b); 3. a); 4. b)

Transkription:
1. ◆ ¿Cómo se escribe correctamente?
   ◇ Jota – a – e con acento – ene.
2. ◆ ¿Cuál es el prefijo de Cádiz?
   ◇ Es el 956.
3. ◆ ¿Cuántos kilómetros hay de Madrid a Valencia?
   ◇ Unos trescientos cincuenta.
4. ◆ ¿Cuál es tu número de teléfono?
   ◇ Es el 982 49 75 20.

3

1. b); 2. c); 3. d)

Transkription:
1. Perdone, ¿para ir al zoológico?
2. ¿Te gusta viajar?
3. Oiga, ¿dónde hay un aparcamiento?

4

1. a); 2. d); 3. b)

Unidad 5

A. ¿Algo más?

1

una bolsa de magdalenas
una botella de agua mineral
una lata de sardinas
un paquete de café
una bolsa de patatas
una bolsa de croquetas
un paquete de mantequilla
una lata / una botella de cerveza
una botella de vino

2

un kilo de filetes
cien gramos de jamón
medio litro de leche
dos kilos de patatas
doscientos cincuenta gramos de queso
un kilo y medio de sardinas
dos barras de pan
medio kilo de mandarinas

3

1. quería
2. Tiene, Cuánto quiere
3. Cuánto cuestan
4. desea, Deme
5. eso es todo
6. Cuánto es

4

1. ¿Cuánto cuesta un kilo de tomates?
2. ¿Cuánto cuesta medio litro de aceite de oliva?
3. ¿Cuánto cuestan cien gramos de queso?
4. ¿Cuánto cuesta una barra de pan?
5. ¿Cuánto cuesta un kilo y medio de mandarinas?
6. ¿Cuánto es?

5

a)
1. d); 2. h); 3. a); 4. g); 5. f); 6. e); 7. c); 8. b)

b)
Im Geschäft: 2, 4, 5, 7
Zu Hause: 1, 3, 6, 8

6

Los filetes los compro en la carnicería.
El jamón lo compro en la charcutería.
La leche la compro en el supermercado.
Las patatas las compro en la verdulería.
El queso lo compro en el mercado / supermercado.
Las sardinas las compro en la pescadería.
El pan lo compro en la panadería.
Las mandarinas las compro en la frutería.

7

Sopa de ajo:
½ barra de pan
3 dientes de ajo
3 cucharadas de aceite
1 cucharada de pimentón
750 ml de agua
sal

Flan:
4 huevos
100 gramos de azúcar
½ litro de leche
esencia de vainilla

Tortilla de patatas:
4 huevos
½ kilo de patatas
250 ml de aceite
sal

B. ¿Qué tal el pescado?

1

1. patatas fritas
2. sorbete de limón
3. gazpacho
4. sardinas
5. gambas
6. sopa de tomate

2

◆ ¡Camarero! La carta, por favor.
…
◇ ¿Qué desean para beber?
◆ Yo quiero una cerveza.
❖ Y para mí un zumo de naranja.
◇ ¿Qué desean de primero?
◆ Para mí de primero un gazpacho y de segundo filete con patatas fritas.
❖ Y yo quiero el menú del día, pero sin postre.
◇ ¿Desea postre, señora?
◆ Sí, un sorbete de limón y un cortado.
❖ Yo también quiero un cortado.
…
❖ ¡Camarero! La cuenta, por favor.

3

a)
compráis: comprar
comemos: comer
prefiero: preferir
piden: pedir
quieres: querer
sirve: servir
escribe: escribir
ceno: cenar

b)
Sentir wird wie *preferir* (*ie*) konjugiert und *servir* wie *pedir* (*i*).

4
1. escribimos, tengo, tienes
2. Queréis, prefiero / quiero
3. lees / escribes, leo / escribo
4. vive, tengo / tienes
5. pedimos, pido
6. pago, pagamos

5
1. el vaso
2. la copa
3. el tenedor
4. la cucharilla
5. la servilleta
6. el plato
7. el cuchillo
8. la cuchara
9. la sal

6
1. otra copa de vino
2. otra cerveza
3. un poco más de sal
4. otra botella de vino
5. otro café
6. un poco más de pan

7
1. buena
2. fría, calientes
3. soso
4. picante
5. ricas / buenas
6. salada

8
1. Para, de, de
2. por, del
3. de, al, de, a
4. —, de, con
5. de
6. Para, con / sin, sin / con

9
restaurante, camarero/-a: 3, 8
restaurante, cliente/-a: 1, 5
mercado, vendedor/a: 4, 6
mercado, cliente/-a: 2, 7

C. Comidas y costumbres

1
1. desayunáis
2. desayuna / toma
3. almuerzas
4. almuerza / toma
5. almorzáis
6. toma
7. cenan
8. cenas

2
a)

querer	servir	probar
quiero	sirvo	pruebo
quieres	sirves	pruebas
quiere	sirve	prueba
queremos	servimos	probamos
queréis	servís	probáis
quieren	sirven	prueban

Diese drei Verben weisen in allen Formen einen Vokalwechsel auf, mit Ausnahme von *nosotros/-as* und *vosotros/-as*.

b)

qu**e**réis	s**i**rvo	pr**ue**ba	p**o**demos
s**ie**nto	p**e**dís	alm**ue**rzan	p**o**der
t**e**nemos	s**e**guir	c**ue**sta	pref**ie**res

3
17.40: Son las seis menos veinte de la tarde.
06.15: Son las seis y cuarto de la mañana.
14.50: Son las tres menos diez de la tarde.
21.05: Son las nueve y cinco de la noche.
08.30: Son las ocho y media de la mañana.
22.45: Son las once menos cuarto de la noche.

4
1. Desayuno a las ocho (de la mañana).
2. A las diez y media de la mañana tomo un café.
3. Almuerzo a la una.
4. Estudio español por la tarde.
5. Ceno a las siete.
6. Por la noche voy al cine.

5
2, 5, 3, 4, 1

Lösungsvorschlag:
6. Es un plato típico de España, con patatas y huevos.

6
1. se come frío, lleva ajo
2. se come caliente, es carne, lleva salsa, lleva ajo, lleva huevo
3. se come caliente, es pescado
4. se come caliente, lleva ajo
5. se come caliente, lleva salsa, lleva huevo, lleva ajo
6. se come caliente, lleva huevo

7. se come frío, lleva huevo
8. se come caliente, es carne, lleva ajo

7

1. están, Están
2. es, está
3. son, son
4. está, es

8

1. In Spanien trinkt man Orangensaft zum Frühstück.
2. In Guatemala werden viele Sprachen gesprochen.
3. In kleinen Dörfern lebt man ohne Stress.
4. En México se toman platos picantes.
5. "Ajo" se escribe con "jota".
6. En Latinoamérica las tortillas se hacen de maíz.

9

1. a); 2. b); 3. b); 4. c); 5. a); 6. b)

Rincón profesional

a)

Casa Hortensia

b)

Casa Hortensia
cinco (personas)
las ocho
Leticia Ortiz
Tarpil
91 364 23 84

Rincón de lectura

b)

Die Verhaltensweisen 1. und 2. entsprechen nicht den Ratschlägen.

Unidad 6

A. Vamos de tiendas

1

1. El perfume lo puede comprar en la perfumería, en la tercera planta.
2. Los zapatos los puede comprar en la zapatería, en la primera planta.
3. Las aspirinas las puede comprar en la farmacia, en la planta baja.
4. El billete de avión lo puede comprar en la agencia de viajes, en la planta baja.
5. El CD lo puede comprar en la tienda de música, en la segunda planta.
6. La bolsa de deporte la puede comprar en la tienda de deportes, en la primera planta.

2

1. blusa
2. corbata
3. camiseta
4. chaqueta
5. traje
6. vestido
7. pantalones

Lösung: armario (*Kleiderschrank*)

3

1. amarillo
2. negro
3. rojo
4. azul
5. verde
6. azul

4

1. blanca
2. roja
3. marrón
4. rojas o verdes
5. amarillos
6. naranja
7. azules
8. rojas

5

una camisa a rayas de algodón
un jersey gris de lana
una falda marrón de seda
una chaqueta a cuadros de lana con un pañuelo rojo de seda
un traje blanco de seda
una camiseta verde de algodón
unos vaqueros azules de algodón
un vestido negro de algodón
unos zapatos negros de cuero
una camisa amarilla de algodón

6

1. va, miércoles
2. vais, jueves
3. van, viernes
4. voy, martes
5. va, sábado
6. vas, domingo
7. lunes

7

1. En Correos.
2. En la perfumería.
3. En la panadería.
4. En el restaurante.
5. En el estanco / el quiosco.
6. En el bar.
7. En el banco.

8. En la librería.
9. En la tienda de modas.
10. En Correos / el estanco.

8

1. mucha
2. mucho
3. mucho, muy
4. muy
5. muy, mucho
6. muchas
7. mucho, muy
8. Muchos

9

1. i); 2. g); 3. b); 4. a); 5. j); 6. h); 7. e); 8. d); 9. f); 10. c)

B. Me queda bien

1

◆ Buenas tardes, ¿qué desea?
◇ Quería un jersey.
◆ ¿Qué talla necesita?
◇ La cuarenta, creo.
◆ ¿Y de qué color lo quiere?
◇ Beige.
◆ ¿Qué le parece este?
◇ Sí, es muy bonito. ¿Dónde están los probadores?
◆ Aquí, al lado de la caja.
◇ Me queda muy bien. ¿Cuánto cuesta?
◆ Cuarenta euros.
◇ Me lo llevo. Pago con tarjeta de crédito.
◆ Muy bien, de acuerdo.

2

1. Este
2. Ese
3. esa, esta
4. Estas

3

1. c); 2. d); 3. a); 4. f); 5. e); 6. b)

4

2 a); 3 b); 4 c)

Lösungsvorschlag:
1 d) Le gusta la ropa formal. Hoy lleva traje, corbata y zapatos negros de cuero.

5

1. corta
2. mal
3. estrechos
4. pequeño
5. bien
6. ancho

6

A mí no me queda bien la ropa deportiva.
A ti te gusta mucho la televisión, ¿no?
A la señora Molina le queda muy estrecha la falda.
A Jorge y a mí nos parece bien ir hoy de excursión.
A vosotros no os gusta la película, ¿verdad?
A Cristina y a Maite les regalamos dos botellas de cava.

7

Lukas: le, ti, te
Katja: le
Lukas: Me, le, les, le, le
Marie: os, le
Katja: Me
Marie: les, les
Lukas: le

8

1. Quería un pañuelo de seda.
2. ¿Esta chaqueta es de lana?
3. La falda me queda (demasiado) estrecha.
4. ¿Tiene esta camisa en otro color?
5. El vestido me queda bien.
6. Quería cambiar esta cámara. Es que no funciona.
7. Sólo quería mirar.
8. Quería ver el jersey rosa del escaparate.

C. Consumo y costumbres

1

1. en
2. en, de
3. de, en
4. en, de
5. a, de
6. en, de

Aussage 1 ist falsch.

2

1. Benetton
2. Nivea
3. Boss
4. Adidas
5. Swatch

Lösungsvorschlag:
Mercedes-Benz: Es una empresa de Alemania que fabrica coches.

3

1. más, que
2. tanto como
3. menos que
4. tan, como
5. más

4

1. más, que
2. menos, que
3. tanto, como
4. tan, como
5. tantos, como
6. menos, que
7. más
8. más

5

1. tienda de segunda mano
2. mercado
3. centro comercial
4. tienda virtual
5. empresa de venta por catálogo
6. tienda biológica

Lösungsvorschlag:

7. supermercado: Es una tienda muy grande donde se pueden comprar casi todos los productos.

6

1. A mí también.	A mí no.
2. Yo sí.	Yo no.
3. Yo no.	Yo tampoco.
4. Yo no.	Yo sí.
5. Yo tampoco.	Yo sí.
6. Yo sí.	Yo también.
7. A mí sí.	A mí no.
8. A mí no.	A mí tampoco.

7

1. la
2. le
3. nos
4. Lo
5. me
6. Le
7. nos
8. las

8

1. b); 2. c); 3. c); 4. b); 5. a); 6. a)

Rincón profesional

Arquitecto/-a de interiores

Rincón de lectura

Los orígenes
En España
Sus características

Unidad 7

A. Las cosas de todos los días

1

1. se levantan
2. se duchan, desayunan
3. van
4. comen
5. va, hace
6. cenan
7. se reúnen
8. se acuestan, piensan

2

1. Ustedes se despiertan temprano, a las seis menos cuarto de la mañana.
2. Nosotros nos levantamos a las siete y cuarto de la mañana.
3. Yo me lavo a las ocho y media de la mañana.
4. Vosotros os encontráis todos los días a las cuatro de la tarde en un café.
5. Tú te duchas a las once de la noche.
6. La gente de la ciudad se acuesta tarde, a las doce de la noche.

3

Primero hace las compras, después toma un café. Luego estudia inglés, después hace gimnasia y luego cena. Al final se encuentra con sus amigos.

4

Bolivia	bolivianos
Cuba	cubanos
Guatemala	guatemaltecos
Ecuador	ecuatorianos
México	mexicanos
El Salvador	salvadoreños
Panamá	panameños
Colombia	colombianos
Puerto Rico	portorriqueños
Honduras	hondureños
Argentina	argentinos
Venezuela	venezolanos
Paraguay	paraguayos
Chile	chilenos
Perú	peruanos
Nicaragua	nicaragüenses
Uruguay	uruguayos
República Dominicana	dominicanos
Costa Rica	costarricenses

5

1. suizo
2. española
3. canadiense
4. mexicana
5. argentino
6. irlandés

6

1. hago, tengo, me levanto, salgo
2. pongo, pone, tienes, pone
3. ayudan, ponen, pasan
4. gustan, hago, limpio, plancho
5. hacéis, Dormimos, hacemos

7

dar un paseo
hacer las compras
jugar al fútbol
pasar la aspiradora
poner la lavadora
hacer las camas
hacer un regalo
lavar los platos
limpiar las ventanas
tocar el saxofón

8

la ducha	ducharse
el trabajo	trabajar
la llegada	llegar
el estudio	estudiar
el almuerzo	almorzar
la reunión	reunirse
la comida	comer
la cena	cenar
la compra	comprar
la salida	salir
el encuentro	encontrarse
la llamada	llamar

9

1. ¿Cuánto tiempo ves / ve la tele al día?
2. ¿Cuándo das / da un paseo?
3. ¿Cuántas veces / Cuándo haces /hace los deberes de español?
4. ¿Cuántas veces visitas / visita a tus /sus padres?
5. ¿Cuándo vas / va al gimnasio?
6. ¿Cuántas veces / Cuándo lees / lee el periódico?

10

Lösungsvorschlag:
A las siete y media se despierta.
A las ocho y cinco sale (de casa).
A las nueve llega a su / la oficina.
A las nueve y doce (minutos) actualiza su correo electrónico.
A las doce menos cuarto toma un taxi.
A las doce se reúne con un cliente.
A las dos y cuarto come rápido.
A las cuatro y media tiene / va a una reunión.
A las seis y media juega al tenis.
A las siete y media juega con los niños.
A las diez menos cuarto (de la noche) cena.
A la una y media se acuesta, lee y luego duerme.

B. ¡Un día fatal!

1

1. escribir, he escrito
2. salgo, he salido
3. conocer, conozco
4. leo, he leído
5. volver, he vuelto
6. hago, he hecho
7. levantarse, me he levantado
8. me acuesto, me he acostado

2

1. Ha trabajado seis horas sin interrupción.
2. Se ha encontrado con un cliente en el centro.
3. Ha dicho una mentira a sus compañeros de clase.
4. Ha puesto la lavadora.
5. Ha comido en la escuela.
6. Ha hecho las tareas de matemáticas.
7. Ha jugado con una amiga.
8. Ha visto un reportaje en la tele.

Junge: 3, 5, 6, 7
Frau: 1, 2, 4, 8

3

he leído, he hecho, he lavado, he puesto, he pasado, he hecho, he trabajado, he aprendido

4

1. Thomas no ha estado nunca en Latinoamérica y Annika ha estado una vez.
2. Thomas y Annika han faltado varias veces a clase.
3. Thomas y Annika han tenido muchas veces una mala nota en un test.
4. Thomas no se ha acostado en toda la noche muchas veces y Annika no se ha acostado en toda la noche varias veces.
5. Thomas ha perdido una dirección muy importante varias veces y Annika no la ha perdido nunca.
6. Thomas y Annika han leído una vez una novela fácil en español.

5

1. he comido
2. he ido
3. se ha duchado
4. hemos ido

5. han hecho
6. hemos jugado

6

1. g); 2. e); 3. h); 4. i); 5. a); 6. j); 7. b); 8. c); 9. d); 10. f)

C. Salir de la rutina

1

1. descuento
2. horario
3. entrada
4. días festivos
5. taquilla
6. billetes

2

Lösungsvorschlag:

1. He visto "Poeta en Nueva York".
2. Es de Rafael Amargo.
3. Ha empezado a las 10 de la noche.
4. En el teatro Lope de Vega.
5. En la (calle) Gran Vía, 57.
6. Veinticinco euros.

3

Lösungsvorschlag:

¿Cuándo abre el zoo?
¿Qué días está cerrado?/¿Qué días cierra?
¿Cuánto cuesta la entrada para adultos?
¿Cuánto cuesta la entrada para niños?/¿Hay descuento para niños?
¿Qué ofrece además el parque?
¿Cuánto cuesta la visita / el recorrido en tren?
¿Cuál es la dirección del zoo?
¿Cuál es el número de teléfono?
¿Cuál es la dirección electrónica?

4

1. va a reservar
2. van a ver
3. vamos a visitar
4. voy a probar
5. vas a hacer
6. va a quedarse / se va a quedar
7. vamos a reunirnos / nos vamos a reunir
8. Voy a invitar

5

1. Va a ir a un concierto / a la ópera.
2. Va a jugar al tenis.
3. Va a leer un libro.
4. Va a acostarse / dormir.
5. Van a hacer senderismo / una excursión.
6. Va a hacer un viaje.

6

1. c); 2. e); 3. d); 4. f); 5. a); 6. b)

7

1. ¿Nos puede decir cuándo empieza la función?
2. Vamos a escribiros la semana próxima.
3. Nunca podemos acostarnos tarde.
4. Nos han hecho un regalo muy bonito.
5. Hemos tenido que levantarnos muy temprano.
6. No hemos podido comprarle las flores a Valeria.
7. Vamos a reunirnos con la gente del teatro.
8. Mañana vamos a quedarnos en casa todo el día.

8

1. Me he levantado a las seis y media.
   Me voy a levantar a las seis y media.
2. Nos hemos reunido en casa de Carolina.
   Nos reunimos en casa de Carolina.
3. Juan te ha regalado flores muy bonitas.
   Juan te regala flores muy bonitas.
4. Hemos hecho una barbacoa en casa.
   Vamos a hacer una barbacoa en casa.
5. ¿Te compras zapatillas de tenis?
   ¿Te vas a comprar zapatillas de tenis?
6. He escrito cartas a mis amigos.
   Escribo cartas a mis amigos.

9

Lösungsvorschlag:

1. ¿A qué hora / Cuándo abre por la mañana el Museo de Arte Moderno?
2. ¿A qué hora cierra la taquilla?
3. ¿Cuánto cuesta la entrada para adultos?
4. ¿Hay descuento para estudiantes?
5. ¿Cuánto tiempo dura la visita?
6. ¿Es posible hacer fotos en la exposición?
7. ¿Es posible ir en metro al Acuario?
8. ¿Dónde se pueden comprar los billetes?

Rincón profesional

Ya ha llamado por teléfono al señor González de la empresa Pamex.
Ya ha visto el correo electrónico del día.
Ya ha hecho fotocopias de los faxes para el personal.
Todavía no ha escrito la carta para pedir información a empresas de teléfonos móviles.
Todavía no ha informado sobre el proyecto.
Ya ha buscado las direcciones de empresas de exportación de bebidas.
Todavía no ha leído y comentado el informe del Jefe de Personal.
Ya se ha reunido con el departamento de Publicidad y Relaciones Públicas.
Todavía no se ha encontrado con el señor Hernández de Atcom.

Rincón de lectura

a)
Untersuchung: el estudio
Klischee: el tópico
Sprichwort: el dicho
Geheimnis: el secreto
gesundes Leben: la vida sana
müde: cansado(s)
Müdigkeit: el cansancio

b)
Los alemanes duermen más la siesta que los españoles.

Unidad 8 Revuelto

1
1. a); 2. b); 3. a); 4. b); 5. b); 6. a); 7. a); 8. b); 9. a); 10. b)

2
1. (–)
2. (–)
3. (+)
4. (+)

Transkription:
1. El museo abre siempre a las nueve de la mañana y los domingos una hora más tarde.
2. Lo sentimos mucho. Hemos tenido problemas con las reservas. En quince minutos tenemos una mesa libre en la terraza. Si desean les traigo un aperitivo a la barra.
3. Este pantalón en su talla no lo tenemos aquí. Pero en nuestra tienda del centro lo tienen. Si quiere puedo llamar y decir que lo manden.
4. Mira, todavía no he comprado los billetes para el teatro. Lo siento. Pero no te preocupes. Mañana tengo tiempo y voy a comprarlos, ¿vale?

3
1. c); 2. b); 3. e); 4. a)

Transkription:
1. Nunca he dormido en el coche.
2. ¿Me trae un poco más de pan?
3. ¿Qué tal el pollo?
4. ¿Dónde están los probadores?

4
1. b); 2. b); 3. a)

Unidad 9

A. ¿Quién es quién en la familia?

1

a)

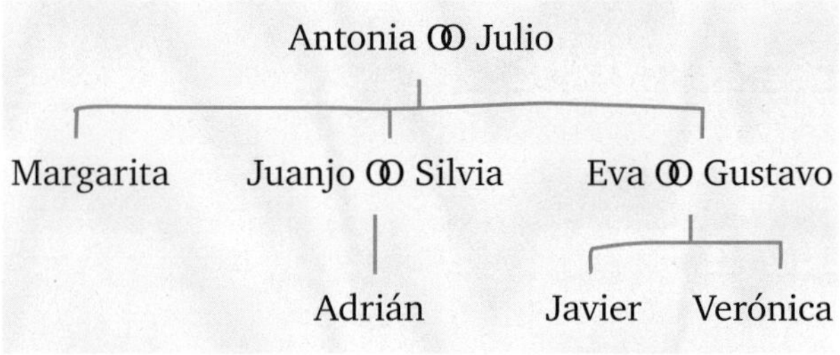

10. Yo soy Verónica.

b)
1. hermanos
2. primos
3. nietos
4. padres
5. tíos
6. sobrinos

2
1. d); 2. c); 3. g); 4. b); 5. h); 6. a); 7. e); 8. f)

3
1. a
2. a
3. —
4. —
5. — / a
6. —
7. a
8. —

4
1. ¡Hola! ¿Qué tal?
2. Esta es la señora González, una colega/ compañera de trabajo.
3. Encantado / Mucho gusto, Miriam. ¿Cómo estás?
4. ¿Conoce a mi tía Virginia?

5
1. la
2. lo
3. los, los
4. la
5. lo
6. los

6
1. de
2. de
3. a
4. con
5. con

6. de
7. con
8. de, con

7

1. ¿Tiene hermanos?
2. ¿Vive solo/-a?
3. ¿Viven sus abuelos?
4. ¿Está usted casado?
5. Y su hermano, ¿cuántos hijos tiene?
6. ¿Cuántos primos tiene usted?

B. La familia de hoy

1

1. vuestras camisas, eure Hemden
2. mis gafas, meine Brille
3. sus pantalones, ihre Hosen
4. tu jersey, dein Pullover
5. sus botas, seine Stiefel
6. nuestros zapatos, unsere Schuhe
7. su chaqueta, ihre Jacke
8. su traje, Ihr Anzug

2

1. Su padre es dentista.
2. Nuestras profesoras son ecuatorianas.
3. No he encontrado sus libros.
4. No conozco a sus padres.
5. Vuestra tía va a venir el fin de semana.
6. Sus abuelos viven cerca de la playa.
7. Su hijo ha estudiado, ¿no?

3

1. me, te
2. Mis, Las, las
3. Mis, me
4. sus, mis
5. vuestro, lo, su / nuestra
6. tus, se, mi

4

1. generación
2. matrimonio
3. divorcio
4. tasa de natalidad
5. soltero/-a
6. vivienda

5

1. Esta es mi tía que vive en Argentina.
2. Leopoldo tiene un hermano que vive en Buenos Aires.
3. Esta es la playa de Miramar donde hemos pasado unos días.
4. Esta es la casa que hemos alquilado en Miramar.
5. Estos son mis amigos uruguayos que viven en Córdoba.
6. Este es el hotel en Córdoba donde hemos pasado una noche.

6

Überraschung: ¿Qué me dices? ¡No puede ser! ¡Increíble! ¿En serio? ¡No me digas! ¿De verdad?
Freude: ¡Qué bien! ¡Qué suerte! ¡Cuánto me alegro!
Bedauern: ¡Cuánto lo siento! ¡Qué lástima! ¡Qué pena!

7

1. d); 2. a); 3. e); 4. i); 5. h); 6. j); 7. b); 8. c); 9. g); 10. f)

C. Entrar en contacto

1

llevar: camiseta blanca, gafas, vaqueros, bigote, chaqueta, sombrero
tener: el pelo corto, los ojos azules, el pelo castaño
ser: alto, rubio, simpático, moreno, gordo, inteligente

2

Die Beschreibung passt zu 3.

Lösungsvorschlag:
1. Es un hombre mayor. Es calvo. Lleva gafas y corbata. Es simpático.
2. Es un poco mayor. Tiene el pelo largo. Lleva sombrero, falda, chaqueta y un pañuelo.

3

1. d); 2. f); 3. e); 4. a); 5. h); 6. i); 7. g); 8. j); 9. b); 10. c)

4

1. es, está, Es, Está, es
2. es, Es, está
3. es, Es, es, Es, está
4. está, es, Es, Es, Está

5

Lösungsvorschlag:
1. Mi marido es bajo, rubio y gordito. Tiene el pelo corto y lleva gafas. Está de mal humor con frecuencia y algunas personas dicen que es antipático.
2. Mi tía es profesora. Es muy guapa, tímida y muy tranquila. No es muy alta y lleva ropa deportiva.
3. Mi hermano es muy inteligente, abierto y serio. Es informático pero ahora no tiene trabajo. Es muy alto y delgado y lleva bigote.

Rincón profesional

a)
hacer, pueden, He terminado, tengo, gusta, trabajar, Creo, necesitan

b)
flexible: "… puedo trabajar también los fines de semana."
sociable: "(me gusta) tener contacto con los clientes."
preparado/-a para trabajar en equipo: "Me gusta trabajar en equipo..."

Rincón de lectura

1. Seguramente van a llegar cientos de personas al puesto de información.
2. Esta terminación *'ez'* significa *'hijo de'*.
3. Claro que mucha gente no usa sus dos apellidos.

Unidad 10

A. ¿Qué están haciendo?

1

Lösungsvorschlag:
ir a una exposición / a un restaurante
cenar en un restaurante / con amigos
salir de copas / con amigos
jugar a las cartas
tocar el piano
hablar por teléfono / con amigos / de música / de deporte
visitar a amigos / una exposición
escuchar música
hacer deporte / amigos
ver la televisión / una exposición

2

1. está viendo
2. Están jugando
3. está durmiendo, está leyendo
4. está duchándose / se está duchando
5. está mostrando
6. estamos pintando

3

Está trabajando en el jardín.
Está comiendo un bocadillo.
Está jugando al tenis.
Está leyendo un libro.
Está tocando el saxofón.

4

a)
1. Voy a la segunda planta.
2. Voy a la primera planta.
3. Voy a la quinta planta.
4. Voy a la tercera planta.
5. Voy a la cuarta planta.
6. Voy a la segunda planta.

b)
6º sexto
7º séptimo
8º octavo
9º noveno
10º décimo

5

1. El señor Gil no trabaja en Madrid, sino en Vigo.
2. Los niños no van a visitar mañana a sus abuelos, sino a sus tíos.
3. Emilia no va a estudiar Matemáticas, sino Química.
4. La catedral no está cerca dc la plaza, sino cerca del parque.
5. Adriana no quiere comprar una falda azul, sino un vestido rojo.
6. La carta no está sobre la mesa, sino sobre la silla.

6

1. Está leyendo el periódico.
2. Está durmiendo la siesta.
3. Están jugando al fútbol.
4. Está bebiendo (una) cerveza.
5. Están jugando a las cartas.
6. Está tocando la guitarra.
7. Está comiendo un bocadillo.
8. Están haciendo una barbacoa.

B. ¿Vienes con nosotros?

1

1. c); 2. f); 3. e); 4. d); 5. a); 6. b)

2

1. conmigo
2. contigo, conmigo
3. con nosotros/-as
4. con ellos
5. con él
6. conmigo

3

Lösungsvorschlag:
◆ Hoy no puedo, es que voy al cine.
◆ De acuerdo / Vale. ¿Cuándo quedamos?
◆ Mejor un poco más tarde. ¿Qué tal a las nueve?

4

1. a); 2. c); 3. b); 4. c); 5. d); 6. d)

5

1. c); 2. b); 3. f); 4. d); 5. a); 6. e)

6

Lösungsvorschlag:
1. ¿Está Isabel?
2. ¿A qué hora quedamos?
3. ¿Dónde quedamos?
4. ¿Qué te parece a las siete? / ¿Quedamos a las siete?
5. ¿Quiere dejar un recado?
6. ¿Vamos a jugar al tenis?
7. ¿Cenamos hoy juntos?
8. ¿Vamos / Tienes ganas de ir al cine hoy?

C. Buen fin de semana

1

1. el / la guía
2. el senderismo
3. el tapeo
4. la visita guiada
5. la guardería

2

1. puedo
2. sabe
3. sabes, puedes
4. puedo / se puede
5. saben
6. sabe

3

(+) todas
casi todas
la mayoría
muchas
varias
algunas
casi nadie
(−) nadie

4

1. Los he puesto en el bolso negro.
2. La voy a tomar / Voy a tomarla fría.
3. No, no la conozco.
4. Ya los estoy preparando / estoy preparándolos.
5. No, las quiero enviar / quiero enviarlas mañana.
6. No. Lo tengo en casa.

5

1. Yo me estoy duchando. / Yo estoy duchándome.
2. ¿Usted va a reunirse / se va a reunir con un cliente mañana?
3. Hoy (nosotros) no nos hemos levantado a las siete.
4. Voy a escribirte / Te voy a escribir una carta la próxima semana.
5. ¿Tú te estás aburriendo / estás aburriéndote ahora?
6. Ellos le han regalado hoy a Jorge un CD.

6

la escritura	**escribir**
el anuncio	anunciar
el nacimiento	**nacer**
la entrada	entrar
el juego	**jugar**
la búsqueda	**buscar**
la información	informarse
el viaje	viajar
la visita	**visitar**
la práctica	**practicar**

7

1. con
2. de
3. para, de
4. para
5. para
6. de
7. en
8. para

8

1. Quería dos entradas para el concierto.
2. Quería pedir hora en la peluquería.
3. ¿Me puede reservar una habitación doble con ducha?
4. Quería alquilar un coche para tres días.
5. ¿Me puede reservar una mesa para cuatro personas?
6. ¿Es posible tomar clases de tenis los martes?

Rincón profesional

1.: 6, 2, 5
2.: 4, 3, 1

Rincón de lectura

a)

1. Miles de ojos buscan día a día una rana en *la fachada de la Universidad de Salamanca*. La tradición popular dice que la rana *trae suerte a los estudiantes en los exámenes o que simplemente trae suerte*. Hay muchas teorías sobre esta rana. Algunos dicen que la rana *es la firma anónima del escultor de la fachada*.
2. Otros dicen que, como la rana está sobre una calavera, *representa la muerte* o, mejor dicho, que la vida es muy corta. Lo puede creer o no, muchos estudiantes y turistas pasan largo tiempo buscándola. Y *no es fácil encontrarla*.
   La fachada de la Universidad de Salamanca, que es una de las cuatro universidades más antiguas de Europa, es del siglo XIV
3. y es hoy uno de los símbolos de la ciudad. La fachada es de piedra y muchos visitantes que la observan creen que es un caos: tiene representaciones mitológicas, decoraciones florales, reyes y muchos otros motivos, todo en estilo renacentista y plateresco.

4. Pero para cada motivo de la fachada hay una explicación, y a veces los estudiantes de Salamanca ofrecen explicaciones sobre la fachada a los turistas por unos pocos céntimos o euros. ¿Quiere saber dónde está la rana? *En el lado derecho de la fachada hay tres calaveras y sobre la calavera de la izquierda está la famosa rana.* ¿Por qué no va a Salamanca para buscarla?

b)
Lösungsvorschlag:
Siehe kursive Textstellen in ***a)****.*

Unidad 11

A. Lo principal es descansar

1

1. TRADICIONES
2. HOTEL
3. VACACIONES
4. INTERNET
5. SALSA
6. RELAJA
7. EXCURSIÓN

2

enero, marzo, mayo, julio, agosto, octubre, diciembre

3

El ocho de enero de dos mil seis
El veintidós de noviembre de mil novecientos noventa y nueve
El quince de julio de dos mil cinco
El treinta y uno de septiembre de dos mil ocho

4

1. Lo que más me gusta es hacer senderismo.
2. Lo (más) difícil es encontrar un hotel barato.
3. Lo que no / menos me gusta es ir de cámping.
4. Para mí lo importante es viajar con mis amigos.
5. Lo que no me interesa es visitar lugares históricos.
6. Lo bueno es conocer las costumbres del lugar.

5

tipos de viaje: de negocios, de aventuras, organizado, individual, de estudios
medios de transporte: coche, bicicleta, avión, moto, barco
alojamiento: hotel de lujo, pensión, cámping, albergue juvenil, apartamento alquilado
servicios hoteleros: aire acondicionado, minibar, aparcamiento, piscina, televisión
objetos de viaje: billetes, maleta, mochila, cámara fotográfica, pasaporte

6

preferir	preferido	la preferencia
tranquilizar	**tranquilo**	la tranquilidad
descansar	descansado	el descanso
modernizar	**moderno**	la modernización
organizar	organizado	**la organización**
simpatizar	**simpático**	la simpatía
interesar	**interesante**	**el interés**

7

◇ Quería hacer un viaje a Cuba.
◇ No, prefiero viajar por cuenta propia. / No, quería hacer un viaje individual.
◇ Las primeras dos semanas de junio.
◇ ¿Y cuándo es la vuelta?
◇ Sí. ¿Me puede reservar el vuelo?

8

El Sr. Marín puede ir a La Palma (Islas Canarias).
La Sra. González y su hija pueden ir a Hondarribia (País Vasco).

9

en una carta:
Les saludo muy atentamente.
Adjunto los catálogos.
Estimado señor:
4 de agosto de 2005
Señoras y señores:

al teléfono:
¿De parte de quién?
La señora González, por favor.
Si quiere, le puedo dejar un recado.
¿Su nombre, por favor?
Dígame.

10

1. g); 2. i); 3. a); 4. h); 5. c); 6. e); 7. b); 8. d); 9. f); 10. j)

B. ¿Qué tiempo hace?

1

1. Hace sol.
2. Hay viento.
3. Llueve.
4. Nieva.
5. Está nublado.
6. Hay chubascos.
7. Hay niebla.
8. Hay tormenta.

2

1.  2.  3. 

3
sur, oeste, norte, este, Brasil

4

la reserva	reservar
el alquiler	alquilar
la vuelta	volver
la lluvia	llover
la nieve	nevar
el recorrido	recorrer
el esquí	esquiar
el paseo	pasear
el cambio	cambiar

5
1. c); 2. b); 3. c); 4. b); 5. b); 6. a); 7. c); 8. b)

C. Volver al pasado

1
1. viajé
2. pasamos
3. ofreciste
4. ayudaron
5. escribí
6. fuimos
7. tomó
8. aprendí
9. vieron
10. abristeis

Lösung: VACACIONES

2

1889	Nació
1907	Escribió
1910	Empezó
1914	Ganó
1917	Publicó
1921	Fue
1923	publicó
1931	Trabajó
1931–1948	Fue
1945	Ganó

3
1. nacieron, confeccionó, confeccionaron, fueron, registraron
Lösung: los vaqueros

2. fue, presentó, llevó, provocó, apareció, empezaron
Lösung: la minifalda

4
1. Este octubre hemos ido a Granada.
2. Este lunes he reservado el billete para ir a Perú.
3. Este verano me he quedado en casa trabajando.
4. En este último viaje a Italia hemos visitado muchos museos.
5. Estas Navidades no he ido a casa de mis padres.
6. Esta primavera he esquiado una semana en los Alpes.

5
1. *la semana pasada*, escribió
2. *esta mañana*, has llamado
3. *Esta mañana*, ha lavado
4. *hoy*, has trabajado
5. *El año pasado*, fui
6. *En marzo*, estudié
7. *ayer*, fue
8. *alguna vez*, has probado

6
Lösungsvorschlag:
El 17 de marzo llegué a Barcelona, visité la Sagrada Familia y el puerto. Luego comí en Las Ramblas.
El 18 de marzo fui en avión a Madrid. Recorrí la ciudad.
El 19 de marzo viajé en tren a Valencia para ver sus fiestas tradicionales, las Fallas.
El 20 de marzo salí en autobús a Marbella. Allí paseé en barco y tomé el sol en la playa.
El 21 de marzo fui en autobús a Salamanca. Visité la Universidad y la Casa de las Conchas.
El 22 de marzo salí en autobús a Bilbao. Allí visité el Museo Guggenheim.
El 23 de marzo volé a Madrid y volví a Bogotá.

Rincón profesional
Instituto Terra
Gabriel Portilla
Lima
22 ó 23 de mayo
28 ó 29 de mayo
3 personas
Hotel de 3 estrellas en el centro, habitaciones individuales con media pensión
Necesitan en el hotel una sala de conferencias para 15 personas del 24 al 25 de mayo

Rincón de lectura
a)
Ignacio Peñalba es guía de turismo.

b)
Lösungsvorschlag:
"... tengo mucha experiencia en este tipo de viajes..."
"... Y gracias a mi buen portugués..."
"... Siempre tengo una respuesta rápida..."
"... reaccioné rápido y con tranquilidad..."
"... traducir y aclarar cosas que no tienen explicación..."
"... soy paciente y tengo una respuesta amable para todos."

Unidad 12

1

1. a); 2. a); 3. b); 4. b); 5. b); 6. b); 7. a); 8. b); 9. a); 10. a)

2

a)
1. a); 2. a); 3. b); 4. a); 5. b)

Transkription:
1. ◆ ¿Cómo se escribe exactamente?
   ◇ Ge–e–ere–uve–a–ese–i–o.
2. ◆ ¿Qué día sales de viaje?
   ◇ El 3 de septiembre.
3. ◆ ¿Cuándo estuviste en España?
   ◇ En 1970.
4. ◆ ¿Cuánto te costó el ordenador?
   ◇ Sólo 876 euros.
5. ◆ ¿A qué hora sale el tren a Barcelona?
   ◇ A las 15:05.

b)
1. (+)
2. (–)
3. (+)
4. (–)

Transkription:
1. Le llamo porque la excursión al Parque de Doñana no sale el 13. Va a salir el 15. Si tiene algún problema puede llamarnos a la oficina.
2. La señora de Finalba es una persona no muy alta, morena y lleva una maleta verde.
3. Mira, mamá ha estado hoy en casa y necesita que yo la acompañe al médico el jueves. ¿Qué tal si cenamos hoy juntas?
4. ¡Atención! Pasajeros del vuelo Iberia 532 con destino a Tenerife, el vuelo hace su salida en la puerta de embarque C-45 y no en la C-46.

3

a)
1. c); 2. d); 3. a)

Transkription:
1. ¡Me ha tocado la lotería!
2. ¿Quiere dejarle un recado?
3. ¿Qué tal el tiempo?

b)
1. c); 2. d); 3. e); 4. b)

Transkription:
1. ¿Por qué no vamos a bailar hoy?
2. ¿Conoces a mi hermana Clara?
3. El viernes no puedo ir al concierto.
4. ¡Que aproveche!

4

a)
1. d); 2. b); 3. a)

b)
1. (–)
2. (–)
3. (+)

c)
1. b); 2. b); 3. a)

Bildnachweis

Adidas-Salomon AG, Herzogenaurach: 82.6; Amores que Matan S.L., Madrid: 97.2; Bananastock RF, Watlington / Oxon: 117.1; Beiersdorf AG, Hamburg: 82.5; Bilderberg, Hamburg: Cover; Café Bar Bilbao, Bilbao: 53; C.A. Metro de Caracas, Caracas: 48.3; Cociña, Mónica, Stuttgart: 12.5; 17.4; Corbis, Düsseldorf: Cover (Philippa Lewis; Edifice); 145.1 (Bettmann); 147.2 (Andrea Jemolo); Corbis Digital Stock, London: 65; Corbis UK Limited, London: 33; Corel Corporation, Unterschleißheim: 28.1; 32.2; 41.2; 126.5; 142.3; 148.3; 148.5; Corporate Identity - Benetton, München: 82.1; DaimlerChrysler, Stuttgart: 82.3; Das Fotoarchiv, Essen: 41.1 (Marco Cristofori); dpa, Frankfurt: 48.1 (Angela Merker); Estudio Sampere, Madrid: 5; Frosch Touristik GmbH, München: 115.5; Getty Images, München: 12.6 (taxi / Ron Chapple); 27; 28.2; 28.4; 28.8; 30.1; 32.1 (Photodisc); 32.3 (Photodisc); 32.4 (Photodisc); 95.1; 95.2 (Eyewire); 115.3; 119.3; 132.2; 145.3; 148.1; 148.4 (Photodisc); Getty Images PhotoDisc, Hamburg: 127; Getty Images RF, München: Cover (PhotoDisc); 61.1 (Photodisc); Hugo Boss AG, Metzingen: 82.4; Inditex Arteixo La Coruña: 81; 84.1; Kessler-Medien, Saarbrücken: 147.1; Klett-Archiv, Stuttgart: 28.9 (Osvaldo Barattucci); 77.3; 77.6; 77.10; 84.2; 133; Köster, Marion, Stuttgart: 49; 100.1; 115.1; 126.4; 148.6; Kubanisches Fremdenverkehrsamt, Frankfurt: 41.3; 119.2; mecom, Hamburg: 132.3 (Fotex / David S. Henderson); MEV, Augsburg: 12.4; 25; 28.6; 41.4; 48.4; 63.1; 63.2; 63.3; 63.4; 94; 97.3; 113; 115.4; 126.1; 126.3; 146; 148.2; Ministerio de Trabajo y Asuntos Sociales, Madrid: 85; Nance, Ana, Madrid: 16; NH Hoteles, Madrid: 28.5; PhotoAlto, Paris: 126.2; 132.1; PhotoDisc, Seattle, WA: 115.2; Real Academia Española, Madrid: 14; Schauf, Susanne, Aldingen: 17.2; 28.3; 28.7; 63.5; 66.3; 66.5; 77.4; 117.2; 117.3; 117.4; 119.1; South American Pictures, Suffolk: 48.2 (Toni Morrison); Stockbyte, Tralee, County Kerry: 100.2; Strauß, Beate, Besigheim: 61.2; 61.3; 66.6; Swatch, Biel: 82.2; Telefónica Móviles España S.A., Madrid: 105; Turespaña München, München: 142.1; 144; Wiener, Bibiana, Bochum: 30.2; 66.1; 66.4